U0656609

父母的陪伴有了技巧，
孩子的叛逆不再是困扰

　　组织编写这本书之前，我们研读了国内外很多教育孩子的书，其中有经典的儿童心理学理论，也有很多解决实际问题的操作性书籍。这些理论和方法，虽然内容写法各异，却都在某个时间点或某个问题上解决了父母的一些问题。直到最近，身边两位妈妈共同的困扰，让我们对教育孩子这件事上重新陷入了思考。

　　有位妈妈，在儿子进入小学仅仅一周后，就被老师请去了学校。起因是孩子在学校的墙上乱涂乱画，屡教不改，还粗暴地把劝阻他的同学推倒在地，而当老师问他为何这么做时，他不以为然地回答："我是在创作，没有人能阻止我创作。"对于儿子的行为，妈妈很惭愧。上小学前，自己给了孩子充分的自由，在家从不阻止孩子画画，她和丈夫的理念是：只要不压制孩子的天赋，一面墙算得了什么。没想到上了小学，自由惯了的儿子在遇到学校的规则和教导时，变得如此叛逆。

与此相反，另一位青春期少女的妈妈，却因为孩子不够"叛逆"陷入了另一种苦恼，用她的话说就是孩子听话到完全没有自己的主见。在一次同学和家长共同参加的聚会上，其他孩子都兴高采烈地选着自己喜欢的食物，只有她的女儿为难地翻看着菜单，最后干脆把菜单往她手里一塞："妈妈，你来点吧，我不知道自己喜欢吃什么，平时都是你替我选。"那一刻，这位妈妈感到了深深的失落与担忧，为什么女儿已经十几岁了，却连选择自己喜欢的菜这么简单的事都做不到？

两位妈妈的困扰，带来了一个问题：孩子到底是叛逆好还是听话好？说起叛逆，在很多父母看来似乎就是在赌博，全凭运气，看孩子自身的个性。然而，当我们仔细分析上面两位孩子的成长环境，会发现叛逆问题并非是孩子自己的事。更准确地说，孩子在哪个阶段叛逆哪个阶段听话，不仅是由孩子的身心发育决定，很大程度上还取决于父母的教育方式。

就拿那个在学校随意涂鸦的小男孩来说，他的父母信奉"自由至上"，在孩子幼儿期，任由他在各处涂画，哪怕是在餐厅和博物馆这样的公众场合，也不加阻拦。当有一天，孩子步入了小学，进入吞世代的阶段，孩子的问题就显现出来，与周围环境格格不入。而反过来，青春期少女的妈妈，从幼儿到青春期，一切都替女儿做主，小到穿什么衣服，大到和谁交朋友，她都严格控制——如此事无巨细之下，女儿不仅不叛逆，而且对父母言听计从，但这样毫无主见的孩子，真的是父母希望看到的吗？

其实孩子叛逆本身并没有对错。对父母和孩子来说，叛逆充满考验，但同时也是一个契机。孩子用叛逆表达对世界疑惑和不满，也在叛逆中完善自己的个性，慢慢成长为一个合格的成年人。对父母来说，叛逆是孩子在对抗自己，但也正是通过叛逆，孩子给了父母了解彼此的机会。

身为父母，我们应该怎么让这个考验变成契机？这就是本书要与你探讨的问题。

在《陪孩子走过每个叛逆期》中，我们为父母梳理出一个系统性的指引框架，全面展示出孩子成长中会经历的每个重要阶段，列举并分析每个阶段孩子会出现的叛逆现象，同时，告诉父母在这个阶段中自己应该怎么做，才能既让孩子获得成长，又不至于脱轨。

我们希望孩子2岁后，你能拿起这本书。之所以是2岁，是因为2岁后意味着孩子的第一个叛逆期即将开启，此时对父母而言，只有爱心已经远远不够了，必须掌握科学的教养方法，才能和孩子一起安然度过。为人父母，之所以任重道远，是因为我们需要不断学习，并适时调整自己的身份，从他们生活的管理者，过渡到参与者，最后到旁观者，知道何时伸出双手，何止给予自由，何时深情凝望。这样的一路陪伴，才是真正有意义的陪伴。

content

第二部分
陪孩子走过每个叛逆期 ｜ *051*

第一部分

叛逆，不是孩子的错

第一章

理解孩子的叛逆行为

叛逆，其实是孩子在尝试着向外界发送信号，告诉父母或养育者，自己无法应对现在的状况，需要帮助。

孩子发出求救信号，父母及时准确地回应，这种互动构成了孩子的人生导航系统。这个系统是否能很好地运转，则取决于父母怎么去理解孩子的行为，怎么提升对管教的认知。

跟往常一样，这是每天的睡前故事时间。柔和的灯光下，3 岁的悦悦依偎在妈妈怀里听妈妈讲故事。妈妈读着书中的文字，时不时地抬头看看悦悦，画面十分温馨。这时，妈妈翻到了书中的一页，画面上的小女孩正在吃粉色冰激凌。

看到书上的冰激凌，悦悦突然跳起来："妈妈，我要吃冰激凌！"她边喊边跳下沙发。

"悦悦，咱们明天吃好不好？家里没有冰激凌了。"妈妈解释道。

"不，我就要现在吃。"悦悦噘起小嘴说道。

"现在是晚上，冰激凌店都下班了。咱们明天吃好不好？"妈妈继续解释。

"不，我就要现在吃，就要现在吃。"悦悦一边说着一边哭了起来，看到妈妈没有行动，干脆躺地上哭了。

妈妈只好带着悦悦来到厨房，打开冰箱："悦悦，你看，家里真的没有冰激凌了。我们明天吃好不好？明天妈妈一定给你买粉色的冰激凌。"

"不——"悦悦尖叫着，"我要冰激凌！我就要吃冰激凌！我要粉色冰激凌！现在就要吃！"

一旁的妈妈很无助。

我的孩子到叛逆期了吗？

如果你的孩子出现以下状况：前一秒还温暖可人，下一秒就在地上撒泼打滚，任性、急躁、无法沟通、不可理喻……那么，恭喜你，你和上面那位妈妈一样，遇到了孩子的第一个叛逆期。不过，好消息是，这说明你的孩子开始进入身心飞速成长的时期。

跨过婴儿期的孩子，会经历三个不同的成长期：2~8岁的幼儿期，9~13岁的吞世代，14~18岁的青春期。每进入一个新的阶段，孩子会面临新的考验，产生不一样的困惑和焦虑。比如，刚刚步入幼儿期的孩子，自我为中心的倾向开始凸显，他们遇到的难题可能是想玩一个不属于自己的玩具却被阻止，他们的脑子里会有一个大大的问号："为什么我想要对面小朋友的玩具，妈妈不让我拿？"而到了青春期的孩子，他面临的问题可能就是："我喜欢班上一个女孩，要是告诉了父母，他们会不会反对我？"

对于新的困惑和焦虑，理想状况下，如果父母提前了解孩子的每个阶段，给予认同和疏导，孩子能得到及时的解答，就不会出现与父母对抗的情形。当然，父母也不用做孩子的 24 小时侦探，时刻都去解答孩子的大小疑问。毕竟，我们的孩子也有自己的本领。他们会在自己的能力范围内，通过阅读、做游戏、听故事、走进大自然或者与朋友家人闲聊玩耍中获取一套自我答疑的调节机制。他们在自己和待探索的外部世界之间搭起一堵过滤墙，消化和吸收那些困扰他们的事物，逐渐提升抗压能力和自信心，培养对生活的认知。

然而，现实生活错综复杂，孩子很难应对全部变化，尤其是当外部世界压力过大，自己的调节机制不够用，而父母又没有及时发现问题时，孩子就会陷入手足无措的境地，表现得无理取闹、不可理喻，用挑衅和对抗等看似叛逆的行为来吸引父母的注意力。

此时，孩子的这些行为其实是在尝试向外界发送信号，告诉父母或家人，自己遇到麻烦，需要帮助。这就像潜水艇在水中航行时有一个导航仪器，为了判断航向，它们需要不断发送声波脉冲。这些脉冲遇到水下物体时会反弹，潜艇就能接到信号，避开岩石或者暗礁。对孩子来说，做出反抗行为，不断找碴儿、搞破坏，甚至撒泼打滚，就是在发送"声波脉冲"，期待得到父母的反馈，找到自己的航向。

有了这个认知后，父母和孩子在面对困惑时才能有解决的基础。

安吉的妈妈说，安吉刚 3 岁的时候，变得特别不听话，总是无理取闹。她和先生尝试过耐心讲道理，试过惩罚，有时候也会大声吼叫孩子，但都毫无效果，安吉的行为不仅没有得到改善，反而越来越糟糕。

后来，夫妻俩决定换一种方式来处理孩子的问题。他们开始试着理解孩子，不再把儿子的行为当成是故意捣乱，不听话，无理取闹，而是把儿子当作一个刚配了新零件的机器人，有了新功能但还不熟练，需要技术员帮帮他。这样去理解后，自己和先生的心态悄然发生了转变。遇到孩子的问题，自己和先生会先问自己："这个机器人是不是零件哪里出问题了，所以才开始发出各种怪声求救吧？"这么想几秒钟，自己的情绪冷静了下来，对孩子不再急躁，也就越来越能看懂孩子各种行为问题背后的原因了。

夫妻俩的认知转变，让安吉也有了很大的改变，他觉得自己发出的信息父母好像收到了，而且情绪上得到了安慰，行为上也收敛了很多。虽然偶尔还会出现任性、无理取闹的情况，但令人欣慰的是，这些行为持续的时间和激烈的程度已经明显改善，甚至常常变得"不易察觉"。

父母认知的转变，其实是对孩子的一种情感认同，得到认同的孩子，导航系统接受信号才能及时准确，叛逆行为自然就会减少。当然，有的孩子的确在故意挑战父母的底线，试图操控父母，但这更说明孩子需要父母的理解。因此，不论孩子是有意或是无意的，只要我们把孩子的急躁、发脾气等不良行为看作是一种求救信号，知道孩子当时出了问题，需要人帮助，一切问题就会迎刃而解。

叛逆原因之一

　　既然孩子很无助，需要帮助，为什么不直接告诉父母，一定要无理取闹呢？这个问题的答案解释了叛逆的第一个根源：孩子的大脑还没准备好！

　　人的大脑中有两个非常重要的区域，一个是额叶，一个是杏仁体。额叶掌管着人的所有逻辑和心理功能，比如记忆、语言、智力等，而杏仁体则是大脑的情绪操控站，人的很多行为应激反应都来自于此。孩子在身体和心理上的完善都需要以健全的额叶作为基础。当孩子的大脑额叶还不够成熟时，很容易被杏仁体操控，做出在成人看起来不成熟的行为。

　　额叶的发育有它的阶段性，对孩子的各种能力和行为都会产生相应的影响。

　　·额叶掌管意志力。意志力是为了达成长期的目标，可以抵抗短期诱惑和欲望，延迟满足感的一种能力，是一个人能否自我控制的关键。一个 2 岁的孩子，想吃小朋友的巧克力，第一反应是伸手就去抢。而同样一个 10 岁的孩子想吃这块巧克力时，他的脑子里会有一个声音告诉他"虽然我想要吃，但我不能现在就去抢"。原因就是相比 2 岁的小孩，10 岁的孩子的脑额叶更加完善，能更好地控制住冲动。

·额叶调节内部言语。额叶完善的孩子可以通过"自言自语"的内部言语方式，来内化和吸收别人给出的指令和建议，对外来的压力进行自我疏导，排解情绪。通过这种方式，他们慢慢形成了推理能力，可以在一头雾水中厘清思路，自己消化和解决一部分问题。对一个 3 岁的孩子下达"放下手中的玩具，去洗手，再吃饭"的指令，可能需要重复十遍；而对一个 10 岁的孩子，可能只要说一遍他就能做到。

·额叶完善的孩子，协调应变能力更强。面对生活中的变化，孩子能更好地应对，情绪也不会轻易崩溃。例如，同样是想要吃一块巧克力，一个 3 岁的孩子得不到时可能会哭上一个小时，如果你告诉他可以给他一块糖先解解馋，他是无法接受的，因为他觉得自己要的就是一块巧克力而不是糖。就像开篇想吃冰激凌的悦悦，她无法面对"此刻竟然不能吃冰激凌"的事实，即使明天能吃到她也接受不了。而如果是一个 10 岁的孩子，脑额叶相对完善，你告诉他此刻吃不到巧克力，但可以给他一块同样美味的糖，他不仅能适应这种变化，还可能会想出别的条件跟你交换。这就是协调应变能力不同造成的行为反应不同。

·额叶决定孩子能否分析判断后果。如果对一个 3 岁的小孩说，你今天非要吃巧克力的话，未来一个月都不能吃零食了，他无法判断这种后果比一块巧克力可能更严重，在他看来还是先拿到巧克力更好。而对一个 10 岁的孩子说同样的话，他会分析两者的利弊，相比一个月的零食，一块巧克力值得舍弃。

·额叶是情感的记录册。完善的额叶可以培养同理心，与他人构建更加亲密的关系，懂得体会情感。有了同理心，孩子才能认识到自己的行为会对他人造成影响，才能学会与兄弟姐妹及其他小朋友和谐共处。

因此，我们可以看到，越小的孩子额叶的发育是越不完善的，各种能力匹配不到位的时候就容易出现在成人看来"不可理喻"的行为。同时，现在的孩子接触的很多东西充满新鲜感，有的玩具、动画片、游戏和孩子们的年龄不相称，甚至充满色情、暴力或者宣扬攻击性行为。一旦孩子们沉浸在这些信息中，额叶的活跃度会受到影响，操控情绪的大脑杏仁体占主导，根据各种变幻的信息反复发出指令，让孩子做出各种应激反应行为。而此时的额叶，因为不活跃，与额叶相关的各种能力也就无法发育成熟。一边是不断刺激杏仁体的应激反应行为，另一边是不断受影响的脑额叶发育进度，孩子的大脑根本应付不过来！这也解释了为什么很多孩子在看完动画片，尤其是动画片有暴力或攻击性内容之后，会莫名发脾气或出现任性行为。

　　为了保证额叶有一个健全发育的环境和节奏，父母能做的是尽量当好孩子的守门员和哨兵，为他们尽量筛选掉不合适的事物，沉着冷静，理解孩子的对抗行为，减少外在压力对孩子内在自我的影响，为孩子营造一个友好的、有利于额叶完善的外围世界。

叛逆原因之二

　　外围世界就像潜水艇周边的水域，如果干扰太多，那潜水艇的导航系统应付不过来，出现迷航。对孩子来说也是一样，外部世界压力过大，内在自我发育和承受能力会受到干扰，内外容易出现一个失衡的状态，这是孩子出现各种对抗行为的另一个重要根源。

　　想象跷跷板上的两个人 A 和 B，当双方重量相等时，跷跷板是一个平衡状态；当 A 比 B 重一点时，B 还能通过自己使点劲儿，跟 A 平衡一下跷跷板；但当 A 的重量绝对性地超过 B 时，B 再怎么使劲也是无法把另一端的 A 跷起来。这个原理同样可以用来解释孩子的外在世界和内心自我。

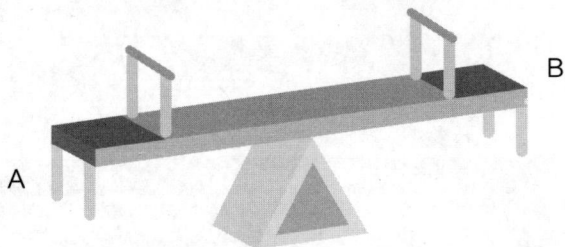

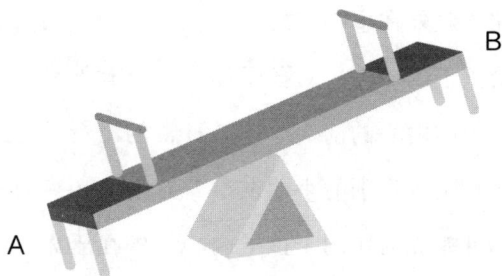

　　当外部世界压力只是稍微超过了孩子的内心承受力，他可以通过阅读、玩游戏等内在调整机制应对外部世界。但当孩子的外部世界压力远远超过了内在自我承受力时，孩子内心就会失去平衡力。内外失衡的孩子，如果还得不到父母或养育者的理解和指引，变得手足无措，无理取闹也就不难理解了。

　　我们可以用一张箭头图来表示孩子的这种失衡。从里指向外的箭头和灰色部分代表孩子的内心世界，其中有他们对

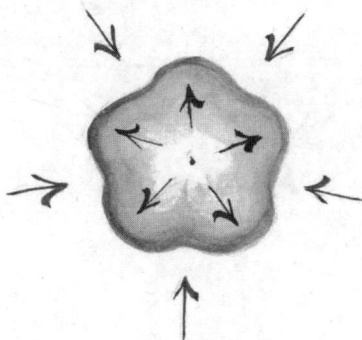

自己的认知、对外在事物的反应，从外指向里的箭头表示外部世界带给孩子的压力。对孩子而言，所有外来事物，都可能成为一根指向内心的箭头。比如日常的出行、每天的课程作业、去幼儿园看到别的小朋友拿着好吃的巧克力而自己没有等等，都可能成为作用于孩子内心的外在压力。这些压力就像从外指向里的箭头，不断地与孩子的内在世界发生作用。随着成长的推进，孩子的内心世界不断加强、完善，收获自信、自尊和智慧，这些形成了内心的力量，去应对外在的压力。当外在压力与内心世界的力量和强度对等时，内在自我就会处于一个相对平衡的状态。一个健康成长的孩子，可以在动态的平衡中形成一层像蚕茧一样的保护壳，轻柔而坚韧。

　　保护壳使得孩子的内心和外在世界相互独立。当两种力量达到平衡，孩子既可以透过保护层，感受与外部世界的紧

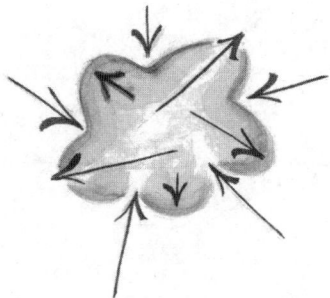

密联结，也可以藏身茧内，享受不被干扰的缓冲和成长。充满弹性的生活让孩子更为灵活，也在蚕茧内滋养了独特的内心世界。然而，当内在与外在的相互作用不再对等，失衡出现，蚕茧就会破裂。当外界压力持续性增大，超出了孩子的承受能力时，他们就会彻底失去保护力，出现对抗行为。

10岁的小宁，最近总是冲父母发脾气，动不动就不高兴，父母问他怎么回事，他总是回答："你们别来烦我。"与此相伴随的是，小宁这几次月考名次明显下降。父母试图跟小宁分析原因，但小宁完全拒绝交流。万般无奈的父母只好带着小宁去找咨询师。

谁知，在咨询室里，小宁一句话也不说，只是用沙发上的毛毯把自己裹得严严实实的，两眼瞪着天花板。

咨询师示意父母出去，然而小宁还是沉默不语。

他们就这样面对面坐着。突然，小宁生气地说：

"唉，我真倒霉！今天上学迟到了，其实我是故意的，然后被老师叫去办公室，挨了一顿训！"

"你为什么要故意迟到？不想去学校上学吗？"咨询师问道。

"是啊。学校那么多没完没了的课程和考试，已经很累了。回到家还得写作业，有时周末还有家教、课外辅导班，我真的快累死了！"

"那你是想通过故意迟到来表示抗议吗？"

"算是吧。"

"其实你只是希望他们能看到你已经很累了，理解一下你，并不是故意迟到，发脾气，对吗？"咨询师接着问道。

这个高高瘦瘦的大男孩顿时掉下了眼泪，"是的，"他回答，"我真的没想捣乱，我只是想表示下我太累了。发脾气的原因是他们总不听我说，那些学业都已经压得我喘不过气来，他们连一句理解的话都没有。您说我能不做点什么表示下吗？"

课业的重负、父母的不理解，都是外部强加给小宁的压力，他本身已无法应对，而父母又不理解他的行为，所以他只能表现得越来越叛逆。

当孩子面对难以负荷的压力时，他不会将压力抽象化或是概念化，而是表现出叛逆、对抗等行为。所以，当孩子乱发脾气时，作为父母，要想一想孩子可能面对的压力，试着问问这些压力是什么。不要把孩子的对抗、反常当作淘气，而是作为接受他们求救的一个信号。对孩子而言，保持平衡状态，才能拥有足够的内在力量迎接外来的挑战，而只有外在压力与内部能力对等时，才能在内在情绪与外在世界之间建立平衡。这是孩子在适应逆境，也是在培养情绪韧性的过程。这个过程需要父母或养育者的理解和支持，而不是简单的制止和责骂。如果父母只是一味地发号施令，那么父母将成为孩子的另外一种压力来源，而这种压力将最终压垮孩子。

因此，父母要做好孩子的司机和调度站，理解永远是解决叛逆问题的第一步。作为孩子成长中的核心与灵魂，我们既是最亲近的人，也是他们的直接对抗对象，这是一个机遇也是一个挑战，如何把握是父母需要不断学习的。

不被理解的孩子，会让叛逆成为习惯

那些不被理解的孩子，会让叛逆成为一种习惯。人在极度压力或情绪压迫下，会进入应激状态，激活交感神经系统，开启战逃反应。叛逆中的孩子，在情绪和环境压力中，交感神经系统会集体活化起来，调动全身脏器，提醒自己进入备战或逃跑状态。有的时候，这种战逃反应是很有利的，比如处在危险中的孩子会本能地躲避或逃跑，但一个人不能整天都处于紧张状态。还好，人类构造是非常机智的，我们还有一个负责启动松弛反应的副交感神经系统。通常情况下，我们对事物的反应会在两个系统中间有个平衡的过程，二者既有紧密的联系，又互不相让。然而，当外在的干扰或恐吓出现时，战逃反应就会占上风。孩子的叛逆行为就是在这样的环境中出现的，外部压力太大，内部信心和能力又不足，松弛反应被战逃反应所取代，出现严重失衡，跌入战逃反应。

跌入战逃反应的孩子，出现的第一种反抗模式就是正面对抗；

一个朋友给我们讲了她亲身经历的一件事。

有一次，我去一个朋友家里做客。当时我和朋友在聊天，突然一阵孩子的哭声传来。我朋友跑过去一看，发现儿子躺在地上撒泼打滚。"你怎么老躺地下，快点起来！"朋友呵斥道。"我不起来！"孩子不仅不起来，还对着妈妈又打又踢。"这孩子没救了，总是这样。"朋友尴尬地对我解释。

表面上看，孩子已经彻底崩溃了。实际上，这是孩子在呼救——"够了！别对我要求那么多了！我完全应付不过来！"孩子的撒泼打滚或任何爆发行为，都可以用四个字总结——"自顾不暇"。

"他总跟我们作对，"朋友说道，"这到底什么时候才能结束？"我的回答很简单："你们是不是对他提了什么要求？比如，不能玩儿这个，不能玩儿那个。又或者，你总是催着他学这个，学那个？"

朋友愕然了："最近的确给他报了几个网课，但是也没多报啊。就英语启蒙和数学启蒙。"

"那孩子喜欢吗？"我问道。

　　"唉，孩子还不是都喜欢玩儿啊。但怎么能总玩儿啊。有时上完网课，让他互动复习，他不肯。给他承诺上完课让他吃好吃的，他似乎也不高兴。直嚷嚷要找小朋友玩儿。"

　　"不是不可以给孩子上网课，但是孩子得喜欢，网课频率什么都得考虑到位。"我说道。

　　"木木，你喜欢网课吗？"朋友问儿子。

　　"喜欢。但是不喜欢上那么多课。我想找小朋友玩儿了。"儿子说道。

　　"那我们减少次数，一周上一次行不行？"朋友建议道。

　　"好。"儿子答应了。

　　几个星期后，孩子的情况好转了。让人发狂的粗鲁行为逐渐减少，撒泼打滚的时间和频率也有所降低。孩子仍然会和父母对抗，但已经不那么疯狂了。"他还在试探我们，不过不会再用那么吓人的方法了。"男孩的妈妈说。

　　跌入战逃反应的孩子，第二种模式就是逃跑，消极对抗。

　　小米的爸爸说起自己的儿子，显得十分生气："他好像对我绝缘了。我说的话，他一句都听不进去。真是让人火冒三丈。"

有一天晚上 10 点了，小米还在盯着电脑玩游戏，不写作业。爸爸已经进屋送了好几次水果、点心、温水。每进去一次，他都会瞟一眼儿子桌上的作业本，提醒道："9 点了啊。""10 点了啊。"每次提醒，儿子都是低头不语。提醒了几次后，到了 11 点，爸爸终于忍不住直接问道："你打算什么时候做作业？已经 11 点了。"

这个时候，小米没有回复爸爸的问题，而是"砰"地甩门而出，躲到了卫生间。

面对父母的唠叨，很多孩子发现顶嘴发脾气这些直接反抗无效时，会选择把自己关进屋里，或者戴上耳机投身于相对"安全"和"隐匿"的网络世界，在"虚拟关系"中寻找庇护所。虽然这样的关系看似没有了硝烟，但基于社交媒体的人际交往充满了诱惑力，孩子们在网络互动中掌握着虚假的控制力，却无法真正得到成长。

孩子长期承受巨大压力，在反抗和逃避的同时，还会带来情绪的崩溃。尤其对情绪敏感的青少年而言，还可能出现严重的心理健康问题，比如抑郁、上瘾、欺凌或者攻击等行为。原本用来分隔内在与外在世界的保护壳，在外来力量的持续压迫下产生裂缝，藏于内心的情绪韧性和个性正常发展必将受到影响。

情绪发育不健康的孩子，一旦感到自己处于崩溃的危险边缘，就会反复地跌入战逃反应，陷入反抗或逃跑的恶性循环中，感觉自己越来越无力启动松弛反应。因此，我们经常看到的情景是：父母越是试图通过吼叫纠正孩子的行为，孩子出现对抗行为就越频繁。

跌入战逃反应的孩子，还会关闭痛苦中心，让身体和大脑都进入极度紧张的状态。在这种反抗中，孩子的"生存记忆"也将启动，他们会牢牢记住某一次创伤事件，对成年后的生活影响会远远超出我们的想象。即使孩子在受挫后可以迅速恢复活力，但是当父母或曾经让他们痛苦的事情出现时，他们会变得十分谨慎。他们已经形成了条件反射，一旦再次遭受攻击，大脑会自动激活同样的应激反应。

如果此时的父母不理解孩子的这些对抗行为，选择责骂或与孩子对着干，则会加重孩子的外在压力，出现上述所说的对抗循环模式，压制孩子的情绪韧性和个性正常成长，甚至影响孩子成年后的情感反应模式。因此，父母应该主动为孩子减压，比如做游戏、阅读、听故事或音乐，甚至休息。平衡的生活才能帮助孩子激活松弛反应，重建脑科学家所说的代谢平衡。在充满压力的生活中，孩子如果可以得到适当放松，就不太会和父母保持对抗状态。

情绪有韧性的孩子，可以很好地适应外在环境的变化，调整抗压模式，不会出现过激反应；反之，情绪韧性不够的孩子常常会因为一点小事产生压力，即便面对普通的指令也会出现过激反应，对抗父母。

具备情绪韧性的孩子：

1. 精力充沛，可以应对任何一种情况。

2. 在处理问题的间歇，可以回归平静而清醒的状态。

3. 乐于接纳新鲜事物；即使面对没有明显好恶的信息，也能产生一定的兴趣。

4. 善于融入社会，享受友情、游戏和幽默带来的快乐。

5. 勇敢接受对个人行为的正面评价。

6. 能够"控制"负面事件的影响。从时间而言：负面事件只发生于当时当刻，不会影响过去和未来。从空间而言：负面事件只会影响生活的一个方面，而不是全部。

不具备情绪韧性的孩子：

1. 思维模式固化，执拗，偏激。

2. 即使没有出现问题，也处于警觉状态；一旦发生问题，立即提升至高度的警觉状态。

3. 畏惧新事物；只关心与自己明确有关或情绪化的信息。

4. 与世隔绝，恪守常规，逃避游戏；没有幽默感，也无法对他人的幽默行为产生共鸣。

5. 有意排斥赞美之词；总是把成功当作失败或侥幸，甚至永远认为还不够出色。

6. 夸大负面事件的影响。从时间而言：认为生活将始终被负面事件笼罩。从空间而言：它影响了生活的方方面面。

第二章

每个孩子都有三个叛逆期

孩子的叛逆也会因所处的阶段不同而不同。父母只有了解这些阶段的不同，才能更好地陪孩子走过每个叛逆期。把青少年当作幼童一样对待，或是反过来，在孩子年幼无知时，让他们意识到自己的错误，这些都会刺激孩子的挑衅行为出现。

4 岁的然然最近很喜欢玩海盗游戏。

今天，然然又准备玩海盗游戏。他用纸巾扣在左眼上做眼罩，嘴里叼着一把锯齿刀，正在晃晃悠悠地爬儿童书架。

妈妈看着觉得有些危险，犹豫是否要制止他这种"探索"游戏。是直接制止，还是任由孩子去探索呢？

妈妈越看越觉得忐忑，书架好像没钉死在墙上，随时都可能会倒塌。然然嘴里的那把锯齿刀好像是刚才放在桌上的水果刀。一不小心，都有可能发生意外：书架倒塌，锯齿刀把然然的嘴巴割出血。妈妈的心跳加剧，感到一丝恐惧。

但是妈妈还是决定友善地告诉然然："然然，我知道你很想玩海盗游戏，但现在我们要一起想一下，如果你爬高了书架会不会倒呢？你要……"话还没说完，然然的弟弟出现了，他完全没有注意到晃动的哥哥，正准备从书架下走到妈妈身边。说时迟那时快，妈妈快速抱起小儿子。书架"轰"的一声就倒塌了，虽然然然没有被完全压住，却依然受了伤，他一边哭一边叫。

妈妈有些后悔："我要是及时制止然然，让他下来是不是更好？我是不是做错了？"

直接制止和允许孩子自由探索其实都没有错，错的是这位妈妈没有意识到孩子的年龄段。如果这个孩子已经 12 岁了，具备了辨别风险的能力，那这么做无可厚非。然而，9岁之前的孩子，大脑不能有效分析因果利弊，他们需要的只是一个简单的指令："现在从书架上下来！"

作为父母，不仅要理解孩子叛逆背后的原因，更重要的是要分清孩子在不同年龄段的成长特点。为了大家更好地理解，我们把成年之前的孩子按照年龄大致分为三个时期：幼儿期（2~8岁）、吞世代（9~13岁）和青春期（14~18岁）。当然，每个孩子的成长进度不同，所以年龄界限会有所不同。三个不同阶段有不同的内部言语发展和行为表现，孩子的叛逆也会因所处的阶段不同而不同。父母只有了解这些阶段的不同，才能更好地应对孩子的每个叛逆期。把青少年当作幼童一样对待，或是反过来，在孩子年幼无知时，让他们意识到自己的错误，这些都会刺激孩子的挑衅行为出现。

内部言语发展的三个阶段

一般来说，人的言语活动有两种，一种是外部言语，一种是内部言语。外部言语活动是与他人进行交际时的言语过程，即咱们常见的口头说话和书面表达。内部言语活动则是一种自问自答或者不出声的言语活动。如果说外部言语是用来交际，与人对话，那内部言语更像是自己和自己对话，是为了支持思维活动的"思考性对话"。这种自我对话，能够调整情绪和冲动，通过思考帮助人解决问题。

内部言语是建立在外部言语的基础上，而外部言语能否很好地表现则依赖于内部言语的活动能力。成年之前的孩子，在三个阶段有着不同的内部言语完善程度。

幼儿期

幼儿期既包括蹒跚学步的 2~5 岁的小童，也有还未进化为少年的 6~8 岁的大童。当幼儿学会开口说话，内部言语的第一个阶段就开始了。一个蹒跚学步的幼儿，多数时间他们都是在咿呀学语，说出的内容也是模仿他人说的话，虽然偶尔也能说出类似这样的语句："我现在得给佩奇穿上公主裙了。"但是幼儿期的孩子其实并不具备完善的内部言语能力来自我调节。这只是他们在自言自语，希望通过这样的方式，厘清思路，为自己指引方向。所以这个阶段的孩子在言语和行为方式上有一个奇怪的现象：看起来他们对你的规则耳熟能详，甚至可以一字不差地复述你说的内容，但他们常常下一秒就把这些规则抛在脑后，甚至做出破坏规则的行为。

幼儿期的孩子内部言语不够完善，没有能力去掌控自己的大脑。他们只是在复述，没有"走心"，嘴上背得很熟，但心里并没有真正理解语言的意思。说出规则是一回事，执行规则是另一回事。除此之外，掌管内部言语功能的大脑细胞，恰巧也负责冲动控制，所以，内部言语不完善的幼儿，不仅无法执行规则，还会控制不住冲动，做出破坏规则的行为。

比如，当你反复对 3 岁的孩子说不可以推别的小朋友，他每次都能点头答应，看似完全听懂你说的什么，但下一次他还是会犯同样的错误，在大人看起来像是故意的，对不对？但事实是，从孩子听到一件事，到他真正理解并做出改变，需要相当漫长的过程，而这并不是他可以控制的。也就是说，这个年纪的孩子的很多冲动行为，其实都不是故意的。如果你因此变得沮丧和暴躁，甚至大声训斥他，不仅不能加快这个过程，反而会干扰他的内部言语和自我调节。这些负面的行为会让孩子感到被恐吓，自信心受打击，他也会因此疏远和你的关系。

· 父母怎么做

当孩子因为内部言语不完善，无法控制冲动时，父母首先需要冷静。这就像在一个池塘里，里面有许多来回游动的红色大鱼和蓝色小鱼。红色大鱼力量很大，代表冲动行为的爆发，蓝色小鱼相对安静，代表着对冲动行为的调整和转变。年幼的儿童，神经网络不够发达，用它编织的捕鱼网，其网孔较为疏松，所以他们捕获的大鱼数量会远远超过小鱼。等渔网编织得越来越密的时候，小鱼和大鱼的数量就能慢慢平衡了。

另一方面，父母需要做出正面的示范，不能因为孩子的战逃机制而"斗志"昂扬，一边指责孩子的行为，一边却像孩子一样，冲动地大喊大叫，这会让孩子既困惑又害怕。

比如，3 岁的孩子坐在儿童餐椅上，一次又一次地把食物扔在地板上，你有两种选择——

第一种选择：用力抓着孩子的手，愤怒地喊道，"我已经跟你说过无数遍了，不要把吃的扔下去！你真是个坏孩子！坏透了！"

第二种选择：可以深呼吸先冷静下来，告诉自己，"孩子正在捞大鱼"；对孩子说，"哦，我的宝贝，青菜又掉在地板上了，我知道它们不愿意乖乖地待在盘子里了。我知道该怎么办了，让你的小饭碗现在在妈妈这里休息一会儿吧。"对稍微大一些的幼儿，则只需要一个简单的指令，"把掉的东西捡起来，放在桌上"。

吞世代

吞世代时期的孩子能够在生活中按下暂停键，进行适时的自我对话，更好地倾听自己的声音。虽然这种能力尚未完善，但孩子已经可以通过自我对话来理智地琢磨一件事。比如，当冲动在告诉他"我想把棍子从树上扔下去"时，吞世代的孩子会琢磨一下，告诉自己"最好还是不要把棍子从树上扔下去，因为弟弟在树下。他只会爬，还不会向上看，肯定躲不开这些东西，而且爸爸就在旁边"。

除此之外，孩子如果内部言语相对完善，在社交活动中更容易避免冲突。当孩子们在一起踢足球时，一个 10 岁的孩子如果感受到可能发生冲突，他可以通过自我对话避免冲突的发生："昨天大家一起喊明明犯规的时候，他看起来特别生气。我现在还是不要说了，过一会儿再告诉他吧。"有时，这种自我对话也可以十分简单，比如"妈妈好像很伤心，我得抱抱她"。

·父母怎么做

对于这个阶段的孩子，父母可以在孩子面前用自言自语的方式说出自己的想法。当他们开始谈论问题和说到自己的想法时，要认真聆听。比如，11岁的儿子想晚上住朋友家，你可以这么说："嗯，如果是我的话，我会先回家，把作业写完，然后再去朋友家，这样就不至于在朋友家玩得忘记写作业。"

青春期

孩子到中学阶段，内部言语和推理能力更为发达，此时他们的神经网络更为精细和紧密，捕鱼网上的网孔越来越小，不仅可以抓住活跃的大鱼，也能捕获许多小鱼。

这就意味着，孩子的内部言语能力更为发达，情绪更为冷静，思想更成熟，行事变得有条不紊起来，能够独立解决一些学业和社交的不同问题。尽管青少年的逻辑思维最初偏于主观，但随着时间的不断推移，会变得越来越客观。

"我最近一直在思考本地食品和有机食品哪个更好。丽丽说本地食品更好，因为有机食品得用卡车运过来，长途运输会污染环境。但是本地食品种植的时候会用到杀虫剂，这些也需要用卡车运进来，这部分消耗的汽油呢？难道不算污染吗？"

听到孩子这样说，你是不是有些吃惊呢？

·父母怎么做

此时的孩子仍然会十分冲动，但已经手握开启内部言语的钥匙。父母应该多鼓励孩子，让他们主动说出自己的想法，以便他们练习内部语言。你可以对他坦然说出自己的看法，但决定还是让他自己来做。

"说实话，我觉得你的计划还不够完善。你应该等零件到了，修好车再去，现在就搭便车去那里真的合适吗？我建议你再仔细考虑一下，吃完晚饭，告诉我你的理由和想法，好吗？我们一起分析分析，再来决定。"

因此，一方面，父母要留给孩子充足的时间，完善他们自身的内部言语。另一方面，父母也要根据他们的内部言语发展阶段，改变应对方式。

行为能力发展的三个阶段

　　孩子的发育是阶段性的，不仅表现在内部言语的阶段性，行为表现和能力也是阶段性的。虽然每一个孩子都有自己的成长节奏，但对于绝大多数孩子而言，他们的成长轨迹与这三个阶段是基本相符的。

幼儿期

　　这个阶段的孩子非常冲动。他们精力充沛，随心所欲，对周围的一切充满好奇心，只要发现有新奇的东西他们就会跑上前。他们很喜欢深入探索外面的世界，看见一个新玩具，就会全神贯注地研究这件物品，用手去触摸它的形状，甚至用嘴去品尝它的味道。他们的行为直接而冲动，像是没有经过大脑思考一样。事实也是如此。

　　幼儿期孩子的注意力是不停变换的。如果在他面前出现了一件新玩具，他的注意力就会转移，甚至完全忘记一分钟前还捧在手里的宝贝。这些行为让很多父母认为孩子太善变了，捉摸不透。但其实只要掌握了孩子的这一特点，会发现很好理解。

·父母怎么做

在教养的这一阶段，父母首先应该成为有爱的父母，指引并满足孩子的需求，但同时要当好孩子的管理者，不仅要提供清晰的指导，还应学会建立友好而坚定的界限。

观察他的一举一动，同时不阻止他去探索世界，但当他准备用手指去触摸一个生锈的罐头盖，一定要在第一时间制止。不必跟他们解释：这样会导致感染细菌；也不必要求一个咿呀学语的孩子了解这些并发症。我们要做的就是替孩子做决定，拿走不安全的东西——生锈的罐头盖。也许孩子会反对，会大喊大叫，但是没有父母会屈服，甚至归还罐头盖。即使孩子长到7岁或8岁，同样的方法依然适用。唯一值得注意的是，父母可能需要改变说话的语气和方式，因为没有一个8岁的孩子会愿意被当作一个小婴儿。

在这一阶段，不论孩子如何改变，父母都应秉持"我来做决定"这一简单而有效的原则。教养书籍和专家总会告诉父母要让孩子自由选择，然而自由并不等同于一味妥协，父母应保有基本的勇气和智慧，为孩子做出决定。即使你希望为孩子提供一些有限的选择，但别忘了这一点："我可以决定给他们哪些选项。"父母仍然是家里的引领者。

吞世代

　　这个年龄段的孩子，更加清楚自己内心的感受，也会把他人的感受看得一样重要。他们在逐渐培养同理心，也愿意合作。尤其是 10 岁或 11 岁的孩子，处在吞世代的中点，就像站在跷跷板的中央，左边是幼童，右边是青少年。站在中点的他们，处于一种平衡状态。这就是为什么过了 9 岁的孩子，看起来都"很好说话"。大部分情况下，跷跷板总是处于平衡状态，但是偶尔也会偏向一侧。一个 10 岁的孩子，满心期盼快速成长，时不时表现出超出年龄的智慧和成熟。

· 父母怎么做

　　这个阶段的父母是孩子人生当中的一个参与者，像一个园丁，需要打开自己的眼睛和耳朵，倾听大地的声音。只有时不时地监测土壤和含水量，才知道什么时候该播种，什么时候该收割。我们都希望播种时，不会来霜冻；收庄稼时，庄稼正好成熟。在这个过程中，我们要全心投入，既要保持耐心，又要细致观察。一个三心二意、半途而废的农夫，不可能迎来田地的丰收。

　　此时的孩子就像刚刚发芽的植物，已经掌握了很多能力，开始学会自我控制。他们喜欢别人的倾听，也愿意告诉父母自己的想法，所以我们要认真地观察和倾听他们的改变，并愿意适应他们在成长中的改变。我们的准则是："我会仔细倾听你的想法，但最后我会做决定。"因为我们仍然是一家之长，负责每一个决定的拍板。

有一位爸爸说起自己的女儿："我女儿 12 岁的时候，特别喜欢跟我们讲她脑子里的想法。我们每次都很认真听她说话，她也喜欢有人听她说话。所以，每次我们家准备一起做点什么时，也都会问问她的想法。这让她感觉被尊重，她很喜欢这种氛围。"

此时孩子开始有合作意识，正是培养社交技巧的关键期。父母可以培养孩子和家人、同学相处、沟通。这些都是吞世代父母需要关注的重点。

青春期

此时孩子拥有更活跃的额叶，十分清楚自己的能力，能找出解决问题的方案。同时，他们也具备了一定的批判性思维能力，会思考和讨论世界性的事件，会对父母、老师和同学的看法提出质疑。这也是为什么很多青少年会开始习惯性地"嘲讽"或"指责"别人。

然而，孩子终究还是孩子，此时孩子的情绪仍旧是不稳定的，所以他们做出的选择往往是多变的，甚至是完全相反的。有时，批判性思维占上风，他们会做出合理而又聪明的选择；有时，他们的大脑完全被困惑而杂乱的思维占据，也会做出不现实，甚至不合情理的选择。有时，他们独立自主而又坚定不移，在实现梦想和目标的道路上不断前进；有时，他们会被无数的期望逼到墙角，在责任的暴风雨中败下阵来，会主动寻求父母的庇护和依靠。

同时，孩子已经有一定的合作意识，如果知道自己做出的决定是错误的，他们会很乐意接纳友善的建议，调整自己的方向；如果孩子在幼儿期养成了边界意识，到了青春期他们更容易控制自己的冲动，知道自己不可以随心所欲、为所欲为。冲动控制能力和合作意识，就如两根坚实的登山杖，无论前方是高山深涧，还是悬崖峭壁，都能协助孩子跨越阻碍。反之，如果孩子在成长的过程中没有学会遵守边界，也无法正确地控制冲动，就有可能走上错误的道路。

·父母怎么做

这个阶段，父母应该变身导师，成为孩子人生中的指南针，为他们指引方向。

花点时间，和他们聊聊天，谈一谈他们对于未来的设想和期待。如果你认为他们的规划可能和友情、学业，或是家庭生活产生冲突，可以温柔地给予提示。当你和孩子站在了同一战线，你可以更轻易地帮助他们调整定位。值得注意的是，此时的孩子仍然可能像幼儿时一样，反抗你制定的界限和规则，也可能他们会重新变回 10 岁的自己，父母需要时刻调整自己的角色。孩子在不停地做选择，父母亦是如此。只需要有足够的智慧，搭配适时的指引，青少年就能做出正确的决定。这样的决定越多，他们离最终的目标就越接近。

孩子阶段成长图

阶段	幼儿期	吞世代	青春期
对应的主导能力	探索力	同理心、团队合作意识	批判性思维
行为表现	直接冲动、多变的专注力	开始学会考虑他人	习惯嘲讽指责，但又可以接纳不一样的声音
内部言语	复述、模仿、听到但没听懂	可以自我对话、思考	深入思考、逻辑推理
反抗界限	"你不是我的老大。"	"我不关心别人。"	"我就要用自己的方法。"
父母角色	管理者	园丁	导师
父母反馈	"我来做决定。"	"我会听你的想法，但最后我来做决定。"	"我们一起分析下怎么做，最后你来做决定。"

　　面对父母的建议，孩子并不是每次都会接纳，不妨跟他们说，"让我们一起看看，怎么才能更接近你的希望和目标"，这样他们可能更容易接受。有位爸爸是这么和孩子说的："爸爸会一直陪在你身边。如果你没有偏离自己的人生方向，爸爸会给你最大的支持，帮助你继续走下去；但是如果你只是漫无目的地游走，或是误入危险地域，爸爸不会袖手旁观，一定会把你引入正轨。"

性格不同，叛逆表现也不同

不同年龄的孩子，其行为表现、内部言语等能力也不同。同时，不同个性的孩子，叛逆的表现也不同。不同个性的孩子，对同一事物的反应不同，在压力状态下对抗外部世界的方式也不同。

性格外向的孩子会变成"领导型"和"创新型"的孩子。"领导型"的孩子在不知所措时，常常会变得非常主动，带着强烈的控制欲；而"创新型"的孩子，则变得注意力不集中，甚至歇斯底里。内向的孩子则变成"随和型"和"直觉型"。"随和型"的孩子在情绪崩溃时常常十分固执，不肯变通；"直觉型"的孩子，常变得过于敏感，把生活的挫折看作是对自己的迫害。

外向孩子	内向孩子
领导型——变得非常主动，有控制欲	随和型——变得十分固执，不肯变通
创新型——变得无法专心，歇斯底里	直觉型——变得过分敏感，容易受伤害

　　下面这个孩子是外向性格，她的叛逆方式就是典型的"领导型"。

　　十三岁的西西，活泼开朗，有担当。去年，全家从小镇搬到了大城市，她突然像换了一个人，变得特别霸道，只想让所有事都按她的想法来，家里买什么家具，今天去哪里玩儿都得听她的。

　　虽然她平时外向，可以很好地适应新环境，但一个人的个性就像硬币的两面，正面会让她的自我管理能力特别强，反面则是她在面对解决不了的问题时会表现出"霸道"。对于西西来说，搬家让她远离了原来熟悉的朋友和环境，一切变得陌生，这让她很不适应。但是因为西西是领导型个性，做事主动，个性坚强，这让她不会主动说出自己的苦恼，而是以控制的方式表现出来。此时，做父母的要理解她的这种"不正常行为"，成为她的情感寄托和依赖。

父母怎么做

· 领导型（火焰）：对于这样的孩子，不要当众批评或教育，否则会使他们强烈反抗。不管你心里有多恼火，把他们先带到一边，等他们冷静下来，再进行管教。这些孩子还没有发展出完善的人际交往能力，又常常出于本性想要掌控大局，所以遭遇阻碍也是意料之中的事；我们要做的则是以柔克刚，以静制动。

· 创新型（空气）：对这样的孩子，一定要在第一时间直接问清楚，进行引导。因为过一会儿再问他，他很可能胡思乱想，甚至回答得驴唇不对马嘴。当他们情绪失控时，会表现得十分夸张，你不需要因为他们的歇斯底里而停下脚步，我们要做的是仍然坚持一贯的原则和一如既往的关爱。

· 随和型（水流）：你可以批评他们，但是如果他们觉得自己被误解，就会变得十分顽固。不幸的是，这样的孩子由于性格随和，常常不愿意主动辩解，因此总是被误解，甚至忽视。他们并不喜欢惊喜，所以做任何事一定要提前告诉他们，让其做好准备。比如，如果他们和别的小朋友发生了争执，你要清楚地告诉他们，先回家，给他做最爱吃的晚餐，或者让他做自己喜欢做的事，等吃完了饭，他们必须得说明刚才为什么打人。这种孩子很内敛，即使你当场批评他们，他们也不会马上表现出不满或难过，但他们很"记仇"，他的"怒气值"会不断累加，直到有一天无法再忍受，爆发时情绪往往一发不可收拾。

·直觉型（大地）：对于这类敏感脆弱的孩子，父母首先应该表达自己的理解和同情，然后再进行管教。你可以说说自己小时候的故事，让他们感觉自己并不孤独。敏感的孩子很容易感受到自己和他人的情绪和弱点，自己可以肆无忌惮地嘲笑别人，甚至攻击别人的软肋，却坚决不允许别人这样对待自己。

当然，每一个孩子的性格都是很复杂的，甚至性格中有相互矛盾的特质。例如，一个孩子既强势又非常敏感。在和兄弟姐妹或是父母相处时，他们的强势，可能会让家人极其反感。但是当自己的弱点被攻击时，他们又会反应过度，这是因为他们同时还比较敏感。换句话说，当孩子与他人相处时，他们表现的是最突出的性格特点；而被挑衅或是忽视时，他们表现出的是隐藏在主要性格下的次要性格。

身为父母，我们要了解不同性格在压力情境下的表现，要针对孩子的个性，建立起完整的应对框架，并让它成为一种本能。不过，即便孩子的宣泄行为千奇百怪，那也只是寻求帮助的信号，最重要的是我们要改变认知，理解孩子，保持冷静，伸出援手，引导孩子步入正轨。

容易出现叛逆的几个年龄转折点

　　孩子的成长需要经历不同的阶段，而每个阶段都会带来不同的生理或心理变化。其中在几个年龄转折点上，生理或心理的转变更为突出和重要，挑衅行为也会更容易在这几个年龄转折点或前后期间出现。它们分别是：2 岁、5 岁、9 岁、13 岁和 16 岁。

2 岁：小皇帝	开始认识周围的世界，探索自己的力量，感到无所不能，却常发现心有余而力不足。
5 岁："你不是我的老大"	开始摆脱母亲的呵护，希望用自己的方式处事，但仍然需要许多帮助。
9 岁：转折点	即将脱离幼儿期迈入吞世代。这一时期的重要特点是没有安全感，爱反抗。
13 岁："我是哈克·费恩和长袜子皮皮"	体内的激素正在改变，处于喜欢逃脱束缚，勇于探险的年纪。
16 岁：封闭自我，重建自我	寻找自我时期，更多地关注自身和内在。因此，这个时期有时候很敏感，无法成熟处理情感问题；有时候很迟钝，尤其在涉及他人时。这个时期，他们需要做很多决定，承担新的责任，但又渴望快乐和自由。

在年龄转折点上，相对于外部快速变化的世界，孩子内在自我意识的成长其实是很缓慢的，孩子会变得尤其敏感脆弱，情绪起伏不定，总是对着干，频繁地向父母发出求救信号。当生活中发生变动的时候，我们更能感觉到孩子的这种变化。此时的父母要更敏锐，理解孩子行为背后的原因。

下面这位女士给我们讲述了在自己 9 岁的时候发生的一件事。

方玲 9 岁那年，一直全职照顾她的妈妈重返职场了，这让方玲觉得自己被抛弃了。有一天，爸妈在厨房做饭，方玲准备带着 3 岁的小妹妹离家出走，心想反正你们都不管我们了。虽然不知道要去哪里，但方玲还是带着妹妹走到了公交车站。上车后，售票员见两个孩子身边没大人，就问她："小姑娘，你怎么自己带着妹妹出来了，爸爸妈妈知道吗？快回家吧，你们的爸爸妈妈会担心的。"这个时候，爸妈正好找来了。

方玲看到妈妈来了，也不吭声。妈妈对方玲说："玲玲，是不是觉得妈妈上班了就不爱你了？不会的，虽然妈妈上班的时候不能陪你们，但是妈妈跟以前一样爱你们，而且保证下班后就陪你们。"

妈妈暖心的话让方玲"哇"的一声哭了："我以为你不要我们了。"

试想，如果父母不理解方玲的行为，而是把方玲和妹妹责骂一顿，那方玲会怎样呢？

外在世界的变化可能是生活的重大改变，比如全职在家的父母突然去上班、搬家或换学校，也可能是生活中许多不起眼的小事，这些都会影响孩子的情绪。尤其是生活中的小事不断地叠加和累积，更容易导致情绪爆发。最常见的例子是，你可能会在接孩子放学后顺带办一些杂事，比如购买家里需要的物品、十万火急的琐碎事务，还有日常生活的必办事项，简单却很耗时。但这已足以让孩子感到烦躁，甚至引爆他们久久无法发泄的情绪。刚开始，他们只是稍微有些焦虑，觉得还能忍受，但随着时间的流逝，这种负面情绪会不断恶化。成年人习惯的顺便，对于孩子而言可能过于"突然"，他们更喜欢舒适、安全、充满确定性的生活。更重要的是，你必须去做的这些事，常常和孩子无关。所以，如果真的必须办这些事，最好在孩子放学前办完。或者，准备点画笔和纸张，这样好让他们不至于无事可做。

　　应对方法有很多种，但所有的方法都基于父母的清晰认知。我们需要明白，孩子的不安和"不正常行为"是内心不平衡导致，是寻求自我定位的影射，而对日常行程的一点点修改，都有助于问题的解决。安抚孩子的内心也许不需要大动作，一些小的转变就能避免管教过程中的对峙和冲突。成长是通往纷乱世界的道路，孩子是没有航海图的水手，惴惴不安，而我们的任务是帮助他们一起建立一套可靠的导航系统。

第二部分

陪孩子走过每个叛逆期

第三章

幼儿期的叛逆

父母，是孩子的第一任老师，孩子从我们这里学到的知识，不仅会伴随他的一生，也会成为他接受其他教育的基础。如果想让孩子在成长的过程少走一些弯路，父母必须竭尽全力为他们的人生夯实第一层地基。幼儿期、吞世代到青春期，父母分阶段地教养和指引，孩子才能平稳度过每个叛逆期。

任性问题

八九岁之前为幼儿期。这个时期孩子的叛逆主要体现在强烈的探索意愿，喜欢自由，缺乏冲动控制能力，无法调节"我要什么"和"我得不到"，内心很容易崩溃，表现得任性、急躁，缺乏耐心。

很多时候，这个阶段孩子的任性主要原因是他们在专注于一件事，沉浸在自己的世界，而顾及不到父母或外部世界的要求。此时，如果父母不理解孩子，就会轻易把孩子的这种专注归结为固执不听话。

安琪是一位全职妈妈，有一个儿子和一个女儿。这天，大儿子去上课了，安琪带着小女儿正在沙地上挖渠造桥。小女儿不仅搭了城堡，挖出沟渠引入水流，还用树枝做桥梁，用鹅卵石铺路，用泥土垒成堤坝。从下午3点玩儿到6点，她一直在玩儿，眼看大儿子就要放学了，如果再不出发，恐怕天黑都到不了家，到时候全家人都吃不上饭。

安琪提醒小女儿："甜甜，该走了。要去接哥哥了。"

可是女儿没有任何反应，继续玩儿，到处寻找更大的石块和树枝。女儿这样的反应安琪一点也不感到意外，但是她依然淡定地对女儿说："现在已经很晚了，我们走吧？"

"我还没搭完呢。"女儿头也不抬地回答道。

过了五分钟，安琪又催促了一遍，但女儿依然没有离开的迹象。

"甜甜，走了。"安琪有些生气。

"不。"女儿还是不走。

看到小姑娘这么固执，安琪顾不上那么多，直接把女儿抱起来扔进车里。女儿一顿狂哭，惹得众人纷纷侧目，安琪替她扣上安全带，脚踩油门直奔儿子的学校。小姑娘还在难过地啜泣，而安琪也憋了一肚子火，训斥道："甜甜，你也太任性了。我已经提前五分钟跟你说要走了，可是你还是不听。如果你下次还是这样，那以后就别想来这儿玩了！"听到妈妈这么说，甜甜哭得更厉害了。

在我们看来，这位妈妈的要求并不过分，只是想让女儿离开游乐场，一起去接快要放学的哥哥。但是，对孩子来说，这是在摧毁她的自我世界，当内心专注遇到外在世界的情境转变，内心失衡崩溃就成了一种必然，内心的专注就表现为固执不听话。

　　应对孩子的这些行为，最重要的一个方式就是界限，也就是我们所说的规矩。孩子们沉浸于游戏或是阅读中，如果不是必须打扰，我们当然要尊重孩子。但是当确实需要终止孩子手中的事时，我们就要运用到规矩的技巧。这种情况下，很多父母想到要打断孩子正在享受的快乐，害怕孩子伤心难过，甚至大发脾气，所以在处理这个问题上犹豫不决，尤其是对幼儿期的孩子来说，不让他们玩似乎是一件非常残忍的事。但其实对幼儿期的孩子来说，规矩正是让他们能更专注的基础。

　　幼儿期的孩子需要父母为他们设定坚定又有爱的规矩。许多父母觉得这么小的孩子，需要的是充分的自由和丰富的选择来发展出独特的个性。因此，他们在立规矩的时候缩手缩脚，担心这会压抑孩子的自由意志。这种迟疑一旦被孩子发现，对其他规矩的设定就更不可能了。再加上如果孩子在公众场所号啕大哭耍脾气，想到有数不清的眼睛盯着我们，要坚守规矩变得更难。

　　然而，规矩恰恰是幼儿期孩子的导航器。孩子预先了解并接受了规矩的存在，他们不会失去方寸，更不需要通过激怒父母向其求救。父母给出指令时，对规矩了然于心的孩子，可以准确判断自己的处境，做出正确的选择，而且他们也不会总以自我为中心，会把其他人的要求也考虑在内。因此，规矩是规范幼儿期孩子任性行为的基础，而且它必须清晰可见，始终如一。

　　有些父母立规矩时犹豫不决，而有些父母在执行规矩的时候容易急于求成。

　　我们有个朋友，是一家蓝筹股公司的系统分析师，就是传说中的效率专家。她做什么都讲究效率和规则，但对孩子的问题束手无策。她总想在几分钟内让孩子按规矩行事，结果孩子不仅不服从，反而激发出了战逃反应，表现出更具挑战性的行为。最后，她还需要花上好几个小时去应付自己的怒气和孩子的不服。

　　这个朋友的错误在于忽略了有效执行规矩的一个前提：情感连接。著名儿童发展心理学家戈登·诺伊费尔德博士在《每个孩子都需要被看见》一书中认为：孩子不会因为父母生养了自己，就自愿服从父母的规则，认可父母有管教自己的权力。想让孩子愿意接受自己的规则，一个很重要的前提就是孩子能感受到和父母之间有某种他们认可的关系，有某种情感联结，而这才是规矩有效执行的基础。那么，如何做好情感联结呢？有两个步骤：

1. 先走进孩子的世界。孩子的世界指的是他们的专属区域，在那里，他们可以心无旁骛地读书、做游戏。如果你想让他们做好准备，离开自己的世界，你就应该安静地待在他们身边，让他们感受到你的陪伴。不要担心这会打扰到他们，你并不需要主动开口，只需要静静地坐在那儿，做些自己喜欢的事，比如读书、工作。你所做的一切，都是为了和孩子分享这个美好的时刻，而孩子也会感受到你的善意，主动和你分享。她会抬起头，对你说："这是机器侠。机器侠大战蚂蚁杀手！蚂蚁杀手向前冲……"这个默默陪伴的过程就是你与孩子建立情感联结的过程。你甚至没有说话，他就知道你在那里，并主动和你沟通。进入孩子的世界并不困难，不到 30 秒，你就能与他们分享快乐。

2. 让孩子了解你的世界。当孩子感受到你的陪伴，开始愿意和你分享他们的世界时，也就表示他们愿意接受你的世界。在他们分享的时候，你可以为你们之间的情感联结搭建一座桥梁，为他们提供一把钥匙，引领他们进入你的世界。比如，"这个机器人会飞啊，那他肯定无所不能。让无所不能的机器人去看看会不会做蛋炒饭吧，来，我们一起去做蛋炒饭吧，等蛋炒饭做好了，我们再一起准备餐具。"你用前半句描述女儿的世界，那是飞行机器侠大战蚂蚁杀手的激烈场面；然后你用后半句介绍自己的世界，告诉她你在做蛋炒饭，那是你们的晚餐，而且你们俩会一起布置餐桌。这样既清晰明了，又建立好了情感联结。有了情感联结，执行规矩界限才有了基础。

急躁问题

在这个时期，孩子叛逆的另一表现是急躁，缺乏耐心。一位妈妈跟我们说："我家孩子天生性格特别急躁，想要什么的时候必须马上给他，否则就会发脾气，满地打滚。所以，我们能做到的就赶紧答应。"如果把孩子的不良行为都归因于天性，父母的责任当然会少很多。然而，性格只是大多数父母用来减轻内心愧疚的一个借口，性格问题其实是行为问题的积累。

45年前，斯坦福大学的心理学家召集了上百名4岁的孩子，做了一项耐心测试。每个孩子被单独带进一个小房间内，桌子上放着诱人的棉花糖。他们给孩子两个选择：一是马上把好吃的一口吞下；二是忍住不吃，只要坚持15分钟，就可以获得两倍奖励。听到这样的选择，许多孩子立刻表示愿意等待，但很少有人能够坚持到底。大部分孩子等不到一分钟，就会吃下棉花糖，而剩下的一些人，最多坚持5分钟，或是10分钟，就再也忍不住了。

最后只有非常少的孩子，能够抵抗住棉花糖的诱惑，坚持到 15 分钟。他们分散注意力的方法各不相同，有些人唱歌，有些人在自言自语，还有一些人直接闭上眼睛，假装看不见。与立刻吞下棉花糖的孩子不同，这些孩子能够推迟自我满足的时间，而长达数年的随访也证实，他们出现肥胖、行为不良甚至染上毒瘾的概率要比没有耐心的孩子低很多。

看到这样的结果，相信每个家长都希望自己的孩子是那个能抵抗住棉花糖诱惑的人。因为这些有耐心的孩子，具备了推迟满足感的能力，在成年之后自控力更强，能更好地驾驭人生中的不顺和痛苦。

但是，很多孩子习惯了"现在就要"就必须"马上得到"。不管想要什么，一分钟都等不了。所以，我们经常在游乐场看到为了争抢某个玩具而打架的孩子，因为他们在家里可以"如愿以偿"。然而一旦进入学校和社会，这些"马上就要得到"的心理就会演变为各种行为问题，给孩子带来巨大的麻烦。

作为父母，一定要从幼儿期开始让孩子知道，当他们提出要求时，有些时候必须学会耐心等待别人的回应。"等待"是一项重要的生存技能，等待中孩子学会了推迟满足感，学会了控制冲动，孩子在一次又一次的"等待"和"忍耐"中，变得更强大，才能在未来的学习和工作中少一些阻碍和困难，而这种技能的培养，在幼儿期显得尤其重要。

菲菲今年 6 岁。当父母和别人聊天时，菲菲总喜欢打断父母。只要她开口说话，屋子里的所有人，不管在做些什么，都要立刻停下来听她说话。在那一刻，她就像家里的女王，有着绝对的控制力；而不幸的是，爸爸妈妈也总是迎合她，扔下聊到一半的朋友听她说话。这在菲菲的生活中已经成为常态，也让她坚信自己的要求永远是第一位的，虽然大多数时候，她要说的问题并不是那么紧急，也不需要立刻得到解决。

菲菲的案例并不是个例，在生活中我们经常见到这样的孩子。针对菲菲的案例，我们来看看具体该怎么做？

第一步：当孩子走过来要打断你说话时，举起一只手，掌心朝向她，用手势告诉她"停下"。不需要看她，也不需要和她进行眼神交流，这个手势已经清晰地表达了你的态度。你可以一边继续和你的伴侣、朋友或同事聊天，一边用手势让孩子停下前进的脚步（不要把手放得太低，否则她可能会跑过来跟你击掌）。

第二步：对朋友说，"亲爱的，能不能过会儿接着聊？

孩子好像有重要的事要说，不然她不会这么跑过来。真的不好意思，亲爱的，我马上就回来。"在你说话的时候，孩子已经等了5秒钟了，很简单，是吧？

第三步：虽然你停止了和朋友的对话，但你已经用语言和动作展现了基本的礼貌和尊重，这为孩子树立了良好的榜样。同样，孩子如果耐心等到现在，你也应该对她说："谢谢宝贝的等待。这不容易，不过你做到了，谢谢你。"表扬尽量实事求是，不夸大。

第四步：听听孩子怎么说。"宝贝，能告诉我怎么了吗？阿姨还在等着妈妈呢，不能让阿姨等得太久。"如果菲菲说着说着就跑偏了，不要急着催促她，否则她很可能又要从头再说一遍。如果你已经从她凌乱的话语中听出了一点端倪，可以直接总结："嗯，我明白了，是佳佳让你觉得烦。这样吧，我现在还有事和阿姨说，你稍微等妈妈一会儿。等妈妈跟阿姨说完话，我们再来解决这件事。"你还可以给她找点事做，分散她的注意力："宝贝，那就先别和佳佳玩儿了，你自己先玩儿一会儿。那边有个沙堆，你去找找铲子，挖沙吧。"（当然，前提是你已经看到那里的确有把铲子。）

说完这些后，可以停下来观察菲菲的反应。即使她没有马上离开，也不要重复已经说过的话，因为这会让孩子觉得你想推开她，甚至不喜欢她。如果10或15秒钟后，孩子主动去挖沙，你就可以放心地和朋友继续聊天。如果她一个劲儿地摇头，你应该意识到这是一个"现在就要"的场景，你必须明确拒绝："妈妈现在没有时间，没办法马上解决你的事情。"说完这些，你才可以继续和朋友聊天。

听上去这四个步骤并没有多麻烦，几句话就可以解决孩子的急躁问题，而实际上并不是这么简单。许多孩子已经习惯了想要就必须马上得到，要纠正这个坏习惯，必然要花些时间。第一次尝试不成功，还可以尝试第二次。在第一步里，我们让菲菲等了5秒钟，如果这一次尝试没有成功，那么下一次让她等上20秒钟。如果20秒钟的尝试都落败了，我们就延长到30秒钟。

为了让孩子学会等待，父母也要首先自己学会等待。当孩子提出要求时，我们不妨这样回答，"给我一分钟时间让我思考一下"或是"让我考虑一个晚上，明天给你答案"。不管是哪种方法，我们都给生活按下了暂停键，而孩子也和我们一起学会了等待。如果我们能够变得更有耐心，孩子们也就能够学会等待。

等待不仅让孩子推迟了满足感，学习了控制冲动，也让孩子学到很多其他的品质。比如当着孩子的面，我们表达了对朋友的尊重，塑造礼貌的样本，也向孩子展示了什么是专注和专一，一次只做一件事。

需要注意的是，在第一次跟孩子用这个方法时，孩子可能会拒绝或不明所以，此时你不能妥协或退让，你要做的是坚持和明确你说的要求。孩子是敏锐的观察者，他们会记住你的弱点，会选在你最忙碌的时候，故意拒绝你或提出一些要求。所以，对幼儿期的孩子来说，父母一定要坚守好定规矩的原则。

立规矩第一步：平复情绪

每个孩子都是精算师。当我们给出指令时，他们都能从我们的语气、态度和肢体语言中分析出不同的信息。有经验的孩子甚至能从你的气场中，分辨出你到底是"认真的"，还是在开玩笑。他们会比较各种可能的选择，设想对应的后果，然后选出最佳答案，这在经济学中被称作成本效益分析，而孩子就是那个精明的分析师。所以，在给孩子立规矩时，你的表现直接决定了规矩执行的有效性。

给出孩子指令前，我们需要给自己一个冷静情绪的时间，与自己的情感建立联结。

与自我建立联结的最佳手段是进行自我对话。对话的方式并不固定，当你独处时，可以大声说出心中所想，这既简单又有效；即使能够独处的时光变得不可多得，我们也可以时常在心中自问自答。自我对话，可以平复你的情绪，应对这些头疼的时刻。

比如，孩子还沉浸在游戏里，却不知不觉到了睡觉的时间，这个时候想让他们放下手里的玩具，并按照我们的指令乖乖上床，听起来好像不可能。可以想象，孩子会拒绝，会表示反对，这会让我们焦虑、不安，甚至陷入激素的圈套，开启战逃反应。而此时，一场有效的自我对话能改变大脑的活跃状态，激活语言中枢，缓解我们的焦虑。当我们回归平和的心态，我们看待问题的角度就能得以拓宽。

那么什么是有效的自我对话呢？下面是一些具体的方法：

·自问法。自问"我真的要这么做吗？"如果答案是否定的，那么就应该放弃对孩子提要求。相反，如果答案是肯定的，我们就不要再自我怀疑，坚定向前。

·暂停法。每次给孩子提要求前，心中就会按下暂停键，给自己一个缓冲情绪的时间。

·带情绪度个假。有位妈妈觉得自己"不太正常"，每次一打开家里的大门，还没走进去，她就像立刻变了一个人似的，脑子里全是各种不满的声音和挑剔的要求："家里怎么这么乱？""谁又吃完东西不收拾？""桌上堆得乱七八糟，也不知道动动手收拾！"这让她感觉有些可怕，甚至厌恶自己。她无奈地说："你知道吗？我觉得自己好像全身长着刺！"

怎么解决这个问题呢？很简单，回家前找个地方冷静一下。比如，家对面有小的游乐场，晚上那里没有人，就坐在那里跟自己说话，问自己有没有冷静下来。其实也不是每次都能想明白，不过这样歇一会儿，跟自己说说话，就像带自己的情绪度了个假。自我对话让我们对自己有了进一步的了解，能更好地控制自己的情绪。再回到家里时，对待家人不再像以前那么暴躁，随着负面情绪的减少，我们甚至会主动了解其他人的想法，接受对方的意见。

·设立冷静区。如果家里有多个孩子，父母很难在管教时保持绝对的专注力和冷静。解决这一问题的关键在于时机和场合，对孩子发出指令前先问自己，"现在说合不合适？需不需要换到冷静区？"

安有四个孩子。最让她困扰的是，在管教一个孩子时，总是被其他孩子干扰。于是，她采取了一个最有效的方法：把楼梯的一阶划定为"教育台阶"，这是家里独一无二的一块区域。如果遇到孩子不服从指令的情况，她就带着这个孩子一起来到"教育台阶"。在那里，没有人会来打扰他们，她可以安静地管教孩子。每一次，她都会陪着孩子在楼梯上坐一会儿，等到情绪都平复下来，再说出自己的具体要求。最让她欣喜的是，这样的方法不仅能让孩子平静下来，接受她的要求，也能让她在千头万绪的家庭生活中，重拾方向。

·积极想象。在情绪爆发前，不妨闭上眼睛，想象一幅美好的画面。想象你和孩子一起收拾房间，把垃圾扔到垃圾桶，按顺序摆放好书架上的书，整个屋子从杂乱无章变成井井有条。

想到管教后的美好画面，当你想对孩子提出要求，例如"该上车了"或是"该回家吃饭了"，就更从容，只需要在说之前花上几分钟，保持平静和自然的态度，就能完成这一过程。

平复情绪，才能做到平和。当你意识到事态"失控"，或是孩子总不执行指令时，不如放慢脚步，花点时间，想清楚：为什么孩子总是跟自己作对？为什么孩子明明答应了自己，一到关键时刻就反悔？为什么孩子一表示反对，自己就觉得心烦意乱？怎么才能让自己冷静下来？有没有什么方法可以让你借鉴一下？这些问题的本质，是了解为什么你会和自己失去联结。而了解失联，才能重新建立联系，才能与孩子之间进行有效的沟通；也只有这样，你才能对症下药，在最恰当的时机，给出最合适的指令。简而言之，想要为孩子指引方向，我们得先为自己确定一个方向。

立规矩第二步：明确要求

　　情绪平和之后，就到了执行规矩的第二步——发出指令。有的指令看似简单，对孩子来说却很复杂。

　　比如这一句话："准备吃饭了！"这个指令听起来似乎清晰明了，但对孩子而言，这个指令十分模糊，孩子并不理解你想要他们做些什么，所以不妨换一种说法："我们先把碗筷准备好，你能帮我拿三双筷子吗？马上开饭了。"许多父母总是习惯给出复杂和模糊的指令，等到孩子因为听不懂而拒绝执行时，才想起来分解，但此时孩子的心情已经变得沮丧和失望。

　　因此，我们最好在孩子不清楚之前，主动把指令细化分解。我们可以从这句话开始："马上要吃饭了，我们把碗筷准备好。先拿三双筷子，三个碗，摆在桌子前。"如果这么说孩子仍然不听从，我们可以尝试换个角度，尽量从他们感兴趣的地方入手。如果孩子喜欢划船的游戏，可以对孩子说："我们先来准备船和桨吧，现在有三个人要玩儿，需要几艘船几根桨呢？"

在这个过程中，父母要始终保持坚定。许多父母希望"教了他一次以后，他就能一直记得这么做"。这样的父母需要明白：善变是幼儿的特权。应对善变的方法只能是定期的重复，重复才能形成孩子的习惯。到那时，你只需对孩子说一声"准备吃饭了"，他们就会主动把餐具准备好。

另外，为了让孩子能更有效地理解具体指令，可以先从孩子做力所能及的事入手。

想让沉迷游戏的孩子乖乖上床是一件棘手的事，有时候你使尽全身解数让他钻进被子里，他也能提出更多的要求，一会儿要喝水，一会儿又说尿尿。为了避免这样的"睡前拉锯战"，可以主动让他们做些力所能及的小事。要是他平时就喜欢帮你修理东西，你可以找些需要维修的物品，让他帮你准备工具。如果她喜欢小动物，你可以提议，让他帮忙给家里的狗狗梳毛。做自己喜欢做的事，孩子在心理上会更容易接受不喜欢的事情。

立规矩第三步：持续陪伴

　　这个阶段的孩子十分需要关爱，所以尽量让他感受到父母的陪伴。不要给孩子发出指令后，就马上离开，这在孩子看来像是一种惩罚。当然，如果他已经是大孩子了，你可以多给一点空间；但是对于幼儿，再多的亲密接触也不为过。在整个过程中，你一定要集中注意力，时刻保持冷静和镇定。

　　以下是有效陪伴必须遵循的几个原则：

1. 保持适当的距离

　　根据孩子的反应，决定是否介入并给予帮助。如果孩子正在按部就班地进行着，可以继续保持一定的距离，观察他们的表现。如果他们东张西望、三心二意，就及时提醒。在整个过程中，我们要随时调整亲近的程度，保证孩子的专注力。如同虹吸原理，液体在两侧水管间来回移动，只为保持水面的平衡和一致。可以观察一下，看一看你离开多久，孩子就会左顾右盼；而你需要来回查看几次，孩子才能顺利做完一件事。随着孩子们的表现越来越好，我们就能将十分的关注下调为八分，这种适当的远离既是我们对孩子的信任，也能增强他们的自信心。

2. 随时关注

不需要24小时和孩子待在一起，但要让孩子始终位于你的视线范围内。可以一边做自己的事，一边留意他们的一举一动。这样不仅能让孩子感受到你的关注，也会明白你和他们一样，都在努力完成自己的任务。即使孩子们心里打起了退堂鼓，看到你还在专心致志地干活，他们也会愿意再坚持一会儿。

3. 专注

当你给出指令后，不要急着离开，也不要一门心思地看电脑或是玩儿手机。如果你在和孩子说话时，总是忍不住回个邮件，要不就是发个短信，孩子也会下意识地模仿这种三心二意的行为。这是他们的镜像神经元，在复制你的"心不在焉"；等到你想让孩子做些什么，他们也很难专注和认真。如果我们都做不好表率，却因为孩子的无意模仿和学习，对他们感到失望，甚至生气，这样未免不太公平。

立规矩第四步：从一而终

不论你给出怎样的指令，这个阶段孩子的小脑瓜，总能找出奇奇怪怪的理由拒绝执行；你的任何迟疑，都会让孩子觉得你的要求可以协商；当你给出指令时，他总会讨价还价。所以不要试图探索他们的脑回路。如果你已经下定决心，想让孩子听从你的指令，那么妥协、解释、退让甚至重复，绝不应该出现。面对质疑，我们只需要保持沉着和冷静，从一而终。

从一而终有两层意思：一是坚定要求，另一个是一致性，尽量建立起规律性。

在日常生活中，父母给予孩子的反馈应时刻保持一致，父母在管教孩子时语气应该平和，不能太过热情和活泼，也不能太过严肃和冷淡。

看着散落一地的积木，妈妈可以一边捡起一块放进玩具筐，一边跟孩子说："像我这样，把积木宝宝收起来吧。"也许他还没学会，你可以接着说，"不是的，是这样，拿起一块放进筐里。整理东西就是这样的。"不用担心，这并不是无意义的重复，也不是冗长的解释，这是你对所提要求的坚持和肯定。所以，我们应保持冷静，耐心地指引他们完成指令。

统一的另一方面是为孩子建立起一定的规律性。

一位妈妈说："我女儿平时在家挺守规矩的，但每次到了一个新环境，比如寒暑假回奶奶家，总是破坏规矩。我现在都害怕带孩子去一个新环境，还是在家老老实实待着更听话。"

其实，这就是规律性的问题。就像每一个工作日的早晨七点半，你都会开车送孩子去幼儿园或是学校报到。经过不断地重复，每到七点半，孩子的生物钟就会自动开启这一流程，而他们的肌肉也记住了上车的动作。我们再也不用想一堆方法，只为哄他离开家去上学；而孩子们也省去了思考和斗争的过程，直接按照既定轨迹完成这件事。

设定一些明显而又不复杂的小动作，给孩子一种仪式感。比如，每天上学前，孩子都会从自己的专属挂钩上取下书包，再走到玄关，在第二层左边第一个盒子里找到自己的球鞋。当他把拖鞋放回去时，所有的鞋头都朝向外面。这听起来有点强迫症，但只要让孩子感受到固定的流程和熟悉的步骤，他们就会感到安全，并顺利地完成你制定的规矩。

父母立规矩时容易犯的几个错误

1. 不知道孩子没有时间概念

许多父母在执行界限的时候，常常依赖于时间提示。

"你还可以玩儿5分钟，然后我们就回家。""好的。"父母看孩子答应得这么好，以为孩子跟自己一样对时间有概念。过了一会儿，父母还会再次友情提醒："还有2分钟了，马上到回家时间了！"可是，2分钟过去了，孩子依然沉浸于自己的世界，根本没有回家的意思。明明答应得好好的，怎么说话不算话，这种行为让父母很是恼火，觉得孩子出尔反尔。

事实上，几乎没有孩子能够把未来的事情精确到分钟，他们对时间没有明确的概念，不明白"还有5分钟"这个词意味着什么，当然就更不明白下一步究竟要做些什么。所以，当你发出时间警告，他们只会把这当成最后通牒，反而抓紧一切时间，投入到玩耍中。

2. "我跟你说了多少遍了"，却只说了一遍具体要求

很多父母在给孩子说了一次要求后，期待孩子下次再遇到同样情况就能记住自己说的规则。

"我都跟你说过多少遍了，为什么你总是记不住？"有经验的父母都知道，这句话作用并不大。因为孩子的记忆是鱼的记忆，只能记住你眼前说的这件事，而且还需要你不断重复。所以，我们在给孩子发出指令时，不仅要重复具体的要求，还要根据孩子的反应来重复。比如，"不，不，像这样。不，不，天天，像这样。哦不，不，亲爱的，是这样做的。"这样的语句看似是在重复，但并不是单纯地重复很多遍，而是与孩子对话，根据他们的反应做出进一步的指引。

3. 一味发泄自己的情绪，忽视说出具体要求

很多父母在对孩子发出指令时，一味地表达自己的情绪，而不去关注孩子是否接收到指令。

"我求求你了，能不能做到（其实是想让孩子收玩具）？"

"我已经说了，赶紧去！赶紧去！（并没有说具体的要求）"

"别让我再跟你说第二遍，气死我了，是想挨揍吗？"

当温和的解释无法让孩子顺从，父母一般会采取强硬的态度。这种强硬，会让孩子越来越抗拒，慢慢地，父母的态

度也会更加强硬，甚至带着威胁。这样的恶性循环会让家庭关系变得更为恶劣，那时父母不论提出任何要求，都会下意识的言辞激烈、怒气冲冲。

但是重压之下孩子就会听话吗？我们知道抗生素用得太多，细菌就会耐药；同样激烈的语气和威胁的言辞用得太多，孩子们反而会慢慢习惯，甚至免疫。为了攻破孩子们的防线，父母不得不加大剂量，变得越来越强硬。无时无刻地高压政策，会让我们身心俱疲。所以我们需要改变执行规矩的方式。

4. 当孩子说"不"时，动用威胁的手段

如果孩子始终对父母的指令表示拒绝或忽视，似乎给他们一个警告或是威胁是顺理成章的。

"如果你不把这堆乱七八糟的东西整理好，我就把你的玩具都收走，你别想再看见它们了！"

你可能以为只要告诉孩子不整理东西的后果，孩子们就能学会听话，可惜常常事与愿违。夸大后果只是打开了妥协的大门，给了孩子协商的余地。一旦妥协，就给了孩子做决定的机会。当孩子分析了自己的处境和可能的后果，他们可能做出意料之外的决定：与其听从你的要求，整理整个房间，不如直接放弃那些娃娃衣服。

对孩子而言，这样的场面反而让他们立于不败之地：你本来想让他们收拾房间，现在却不得不自己来收拾，这就成了孩子的第一次胜利。而孩子们还会大胆揣测，只要自己缠着你说些好话，说不定过一两天，你就会大发善心，把那些衣服还回去。看，这便是孩子的第二次胜利。等到你恍然大悟，才发现自己连输两次，这只会让你气急败坏，管教的效率也愈加低下，甚至陷入失败的死循环。

因此，如果孩子拒绝你的要求，甚至不断挑衅你的权威，仅仅靠几句重复的威胁，几乎不太可能扭转局势。此时的孩子，如同受惊的小兔，躲在挖好的洞窟里逃避你的要求。你的每一次威胁、吼叫或是恳求，只会让小兔向深处挖去，躲在更多更深的洞穴内。对孩子来说，逃避你的要求只需闭上耳朵和嘴巴，躲在一边冷眼旁观；可是越来越被挑衅的我们，却要对着"狡兔三窟"长篇大论、劳而无功。被忽视的挫败感，会让我们感到越来越愤怒，越来越疲惫不堪。

回到立规矩四步法，别让自己再被情绪主导，请给自己一点时间，回到冷静区，以退为进。你需要深呼吸，重新厘清思路，掌握主动权。"我知道你现在不想整理。这样，我们等一会儿再来整理房间。我们俩都休息一下。"

你的孩子听了这样平静的安慰，或许仍是面不改色，但你的"以退为进"，已经让他感到轻松自在，卸下心防。当你和他一起休息时，你不妨利用这段时间，想象他们整理房间的模样。相信他们的乖巧懂事，必定会让你放弃"横眉冷眼的强硬"，而你的大脑也会从"战斗模式"转为更有创意的合作模式。如果孩子能够感受到你内心的转变，他们也会感到安全和放松，这能帮助他们从与父母对着干的困境中跳脱出来。

这个过程十分关键，可能会消耗一些时间，也可能会让孩子感到不耐烦，但我们必须让自己平静下来。相信你很快就会发现，这么做不仅不会弱化你的威信，还会让孩子更信任你。

5.你在说，孩子没在听

孩子不愿意听从指令时，父母的另一个反应就是——唠叨。我们在教孩子时，只是注意到自己在说，却发现孩子根本没在听。

如果父母试图通过说教来教育孩子，不停地用语言轰炸孩子，这些声音只会变成噪声，而所有的交流都会失去意义。缺乏交流的规矩，毫无执行力可言。

我们需要确保孩子在听，并接收到信息，让每个声音都成为交流的密码。

除了语言，幼儿还非常擅长感知别人的动作和手势，他们在观察和模仿中成长，所以我们也可以借助一些动作来让指令变成沟通，帮助孩子更好地理解我们所说的内容。

比如——

·拉起孩子的手，一起走到门口，停下来说："可可，现在我们该上车了。"

·从橱柜里拿出专门做煎饼的锅和铲子，跟孩子说："今天是星期天！我们来做煎饼。现在把鸡蛋和面粉拿出来吧。"

·把孩子常穿的鞋子拿到卫生间，停下来说："该刷鞋了，小新。"

·妈妈从前面或是旁边走近孩子，慢慢抱起他（不要从后面突然出现，这会吓到他），然后停下来说："在我们家里，不允许打人。你一直是妹妹的好哥哥，但是打人一点都不酷。我知道你心里很难受。这样吧，你先在这里看看书，我陪着你，等你想通了，我们再去和莉莉道歉。"

·父母先穿上自己的外套，再拿起孩子的外套，然后停下来说："左手先进来，伊伊。然后右手再进来。好的，现在我们把拉链拉上。"

6."抛弃"式惩罚

当孩子不服从规矩时，很多父母常用的另一种方式——"面壁思过"。这样的惩罚并非完全不可取，只是过度地使用会让孩子失去安全感。

对孩子而言，"面壁思过"的本质是我们对他们的残忍抛弃，孩子会感到恐惧和孤单。我们本来是他们的守护神，带给他们生命和安全感，但现在守护神却离开了，他们一定会非常紧张。在焦虑状态下，孩子只能遵循自己的本能反应，或战斗，或逃跑。

如果一遇到问题，我们就用惩罚的方式把他们推开，那么他们也会模仿这个行为，而不是学会合作。随着惩罚的不断重复和加强，当他们遇到困难时，也会下意识地拒绝别人的帮助。

过度使用这样的惩罚，会产生许多严重的问题。

· 孩子可能会因为想结束惩罚，采用各种方法，变成心口不一的撒谎精。比如，主动承认错误，而事实上他只是为了让你满意；把责任推到兄弟姐妹的头上，逃脱惩罚；矢口否认，甚至撒谎。

· 如果他们把自己被罚归咎于别人身上，可能会伺机报复，会成为一个没有责任感的孩子。

· 真的觉得自己犯了很严重的错误，自己一无是处，产生自卑感。

· 恶化亲子关系。虽然你在惩罚时说得很清楚，对事不对人，但在他们心里会认为你和他是对立的，他会厌恶你，但表面上会表现出乖巧的样子。

"抛弃式"惩罚最危险的地方在于，它的潜伏效应太长，甚至会影响到孩子未来的人生和人际关系。被"抛弃"的孩子在遭遇困境时，不会努力解决问题，反而会下意识地逃避。所以，如果我们希望孩子长大以后可以和朋友、同事或伴侣建立亲密无间的合作，从现在开始，让我们少一些"面壁思过"的惩罚，不要拒绝或抛弃他们。

当然，这并不意味着我们在管教中不能"惩罚"或警告。每一个人都应该学会为自己的行为负责，要做到这一点，我们应该让孩子认识到他们的所作所为会产生怎样的后果。但即使是强硬的管教，也应该充满支持和鼓励，不应该让孩子责备自己，甚至感到被抛弃。

7. 言过其实的表扬

与惩罚相对应的是言过其实的表扬和奖励。"开开，我就知道你是个特别棒的孩子，肯定能做到。""欣欣，只要你把饭咽下去，我就给你一个拥抱。"

周六的上午，一位父亲带着六七个年纪相仿的孩子来到公园，看起来应该是互相认识的好朋友。为了让这几个孩子不乱跑，这位父亲从背包里拿出了很多画笔和颜料，跟这些孩子说："今天下午，你们在这安静地画画，不可以乱跑。"当孩子们开始围坐在一起画画时，这位父亲开始在旁边走来走去，嘴里不停地夸奖着："达达，画得不错。哦，这太美了，小雪，简直比得上达·芬奇了，等回到家一定要拍一张发给奶奶看。不行，我现在就要拍一张，这真是完美。嘿，乐乐，这匹马真有活力。真棒，你们！"不得不说，他注意到了每一个孩子，但是他的表扬实在太夸张了。

过了一会儿，他决定去商店给孩子买些零食当奖励。他刚一走开，每个孩子都长长地舒了一口气，因为他们终于不用听他说个不停了——即使那都是表扬。乐乐，那个大约 10 岁的男孩，看着刚刚被表扬的马闷闷不乐："我明明画的是头牛。"他很生气地把那张画团成一团扔了。然后，六七个孩子各自跑开玩耍去了。

言过其实的表扬，孩子一眼就能看穿，而且孩子会慢慢对父母失去信任感。因为孩子非常清楚他们并不像父母说的那样，每件事都能做得完美。在他们眼里父母是虚伪的，后果就是父母不再有威信可言，孩子也会无视父母的指导，甚至拒绝和反抗，最终导致亲子关系破裂。

第四章

如何与幼儿期孩子有效沟通

在幼儿期，很多父母崇尚对孩子进行自由教育，认为自由就是没有界限和约束，期待这样的环境能开拓孩子的创造性思维。然而，自由并不等于无拘无束，宽松的环境也并不等同于一切都是孩子说了算。幼儿期什么都让孩子来决定，之后他们的父母会发现，过于自由的管教不仅不利于孩子的创造性思维，还会让孩子的叛逆行为频频发生。

幼儿并不擅长做选择题

　　丽娜整个人看起来很疲惫。"每天送儿子上学真是一件任务艰巨的事。他太磨蹭了，从起床开始，除了尽快出门，其他每件事似乎都能吸引他的注意力。坐在床上发呆，刷个牙发呆，催他也根本不理我，他对时间完全没有概念，怎么都不知道着急。再这么下去，我真的是要崩溃了。"

　　有一次，我们来到了丽娜家家访。坐了一会儿，我们发现丽娜对孩子说话其实很耐心，语调也很平和，可是孩子就是不着急，对她说的话充耳不闻。丽娜每次跟孩子说话时总会习惯性地说，"你可不可以这样"或是"我们能不能先那样"。在和孩子沟通时，她一直用的是建议和商量的语气，然而这样的方式无疑是在给幼儿期的孩子出选择题，而面对这样的选择题，孩子其实不知道怎么选择，于是要么战斗要么逃跑，所以孩子要么像没有听见一样，自顾自地玩耍，要么就是说"不"。随着失败的次数越来越多，丽娜心里急得像热锅上的蚂蚁，可又不能表现出来，所以只能越来越疲惫。

　　与孩子沟通的方法决定了孩子的反应。丽娜家的问题不在孩子，而是在她本身。优秀的父母，不仅需要保持平和礼貌的态度，更需要清晰而简洁地向孩子传达自己的"指令"。然而大多数人都会犯和丽娜一样的错误，说过这样的话："宝贝，我们是不是该出发去学校了？"或是"宝贝，我们可能该回家了，现在天有点晚了。"说完这些，我们就站在一旁"听候发落"，要是小王子或是小公主跟我们上了车，我们自然会很兴奋；可是如果他们无动于衷，我们的失望和愤怒就会越积越浓。

　　这就是问题的症结所在，我们明明心中只允许孩子选择唯一正确的道路，却在他们面前打开了整张地图；我们忽略了孩子的年龄段，对他们提出建议或是请求，然后把选择权交到孩子手上；我们跟孩子商量，自己却转身站在一边，让孩子自己做决定。这个过程看上去自由民主，却是把孩子扔在选择的汪洋大海中，熄灭了父母这盏唯一的导航灯。失去导向的孩子，过早地承受着压力，结果就是迷茫失措。

　　这样的父母，在管教孩子时要注意：

　　·尊重孩子并不意味着要把选择权交到孩子手上。这个阶段的孩子并不擅长做选择题，父母要当好管理者，掌握决策权。

· 跟孩子建立情感联结，获得孩子的关注，确保孩子的注意力在自己身上。

· 和孩子进行"眼神交流"，直接说出自己的要求。比如，"儿子，你的图画书看起来很有趣（跟孩子建立联结），不过我现在说的事很重要（停顿几秒钟，等孩子抬起头看着自己），需要你看完这一页，放下书，拿起书包，跟妈妈上车出发去学校（直接说出指令）。"

在这三个步骤中，最后的简单清晰的指令尤其重要，这决定了孩子是否执行你的指令，出现叛逆行为。这三个步骤对丽娜来说十分有效。丽娜后来跟我们说："好像乌云都散开了，孩子突然变得听话了。每次我要他们做些什么，他们都能听得懂。没想到只是简单的说话方式改变竟然有这么神奇的效果。"

幼儿期孩子的脑回路

对孩子来说，清晰简单的指示就像黑夜中的灯塔，更容易被幼儿识别接收。幼儿期孩子的大脑功能尚未发育完善，他们考虑问题的角度单一，甚至常常显得自私。当你给出建议或请求时，他们只会按照自己的意愿进行选择，而不会考虑到其他人的想法和情感。

3岁的妹妹在游乐场玩耍时，你问她要不要去接哥哥放学，大多数情况下她是会"假装听不到的"。对她来说，哥哥有没有人接，而你是不是很着急，都已经超出了她的理解范围，只有眼前的游戏才是第一位的。这其实只是因为她的内部言语和行为能力还没到能考虑他人的阶段。她想象不到如果不去接哥哥会发生什么，如果留下来接着玩游戏又会发生什么。当你对孩子说："我要大扫除，你要不要帮帮我？"对你来说，这句话再明白不过，你想要孩子来帮你大扫除，这样房间才会干净，这是典型的行动—结果思维。可是对孩子来说，妈妈只是在问他们想不想帮忙，而他们更在意哪个选择会让自己开心，这是典型的选择—快乐—想象思维。正是这种不对等的信息，才让孩子不知所措，内心充满了不确定性和矛盾。

对儿童大脑发育的影像研究更好地解释了这种现象。眼眶前额皮层是人类大脑进行判断和选择的区域，负责三种不同类型的能力——判断、换位思考和情绪调节。8 岁之前的儿童这一区域颜色较浅，而 9 岁之后，这一区域颜色才会逐渐加深。也就是说，随着年龄增长，这三种能力才会慢慢发展成熟。

预判能力，是对不同选择会带来什么影响的判断能力。如果我们对孩子说：“你想不想上车？”年纪较小的孩子只能考虑当前的影响，也就是“上车比在这更好玩儿吗？”即使妈妈把自己的建议说得更仔细：“莎莎，你想不想上车去接哥哥？时间不早了，接完哥哥放学，我们还要去超市买水果，宝贝，我们最好不要拖到很晚才到家。”妈妈的解释很合理，而且也很尊重莎莎，可是莎莎并不会因此就想到还在学校的哥哥，她也不在意去晚了就买不到新鲜水果。至于回家太晚，导致大家都睡不好觉，然后明天早上赖床而不想上学的一连串问题，就更不在她的考虑范围之内了。

莎莎听到妈妈的建议后，满脑子只有一个想法：“上车比挖沙更好玩儿吗？不，还是在这儿比较好！"你看，就是这么简单。她的大脑还没有足够的能力判断现在一个小行为会产生怎样复杂的长期影响。那么在这个阶段，谁来替她做出判断呢？当然是我们，作为家庭的管理者，我们应该告诉他们应该做什么，而不是寄希望于他们幼小的大脑做一些无法完成的事。

眼眶额叶皮层控制的换位思考能力（即我们所说的同理心）和情绪调节力（即我们所说的情绪韧性），对幼儿期孩子来说更是不够完善。当你想叫沉浸在游戏的孩子回家，而又不想自己是那个打断别人快乐的强盗时，你选择跟孩子讲道理，把自己的困惑告诉孩子，希望他们可以理解你的难处，考虑一下其他家庭成员。但很多时候你会发现自己的体贴周到并没有得到同等的尊重，反而是一贯的冷酷拒绝。这个时候，有些父母甚至怀疑自己的孩子："他怎么这么自私？他除了他自己，谁都不关心，连我都不关心，我是他妈妈啊！"幼儿期孩子的大脑皮层尚在发育过程中，不仅无法对比各种选择及可能造成的影响，更不能设身处地去考虑他人的情感需求，从而改变自己的决定。同样，他们对不同情感的消化能力还未完善，不具备情绪韧性，所以面对压力很容易崩溃。所以，我们的孩子并非异常，他真的是还太小，不知道如何为别人考虑。

幼儿接到选择题后的内心戏

幼儿期的孩子，大脑发育不够完善，不仅无法接受选择题，而且在接到选题后，还会感到困惑和焦虑。

1. "大人都是披着羊皮的狼"——失去对大人的信任感。

当你面带笑容对孩子说："你想不想上车回家？"你的目的究竟是什么，征求意见还是通知？也许有些孩子偶尔可以猜中你的心思，知道你想让他们上车。其实你早已在心里说了好几遍："小迪，快上车吧，天都黑了！"那么为什么说出口，却变成了："小迪，你想不想上车？"你在孩子面前扮演了双面人的角色，这会让孩子感到困惑。你提出了建议，但你说出口的话却不是你心中所想，那么哪一个才是真实的你？他们又该信任谁？

不仅如此，这种表面上民主，实则专制的方式，还会让孩子感到恐惧。"我感觉他们只是换了一个面孔通知我，猜不透，好可怕。"6岁的小米说："妈妈每次都很温柔地问我，要不要做这个，要不要做那个。可是我选了，她却不知道为什么很生气。"在小米眼里，妈妈蹲下来问他的意见，是因为妈妈是个好妈妈，她很温柔，才会让他做决定。所以他就按妈妈说的去做了，可是这却让妈妈很生气，他不明白为什么。上一秒钟，他觉得自己还是妈妈眼里懂事的大男孩，可以替妈妈分忧解难，下一秒钟他似乎就变成了什么都不会做的小婴儿。如果你是小米，一定可以理解他的左右为难和不知所措。

2. "我还是个孩子，真的不知道该选哪个，我真的很紧张。" ——加深焦虑感。

一个小姑娘来找我们的时候，说话声音都在抖，看起来的确很焦虑。每件事父母都会问她的态度，她不想给父母添麻烦，可是想要猜中正确答案真的很难。我们问她是不是选择反而让她不开心，她很坦然地承认了。于是我们把她的态度转告给她的父母，而他们也决定抛弃建议和请求，换成简单直接的指令。这个改变很快缓解了小姑娘的焦虑，她慢慢感到安全和被保护。

3. "在家的时候，都是我说了算，所以其他小朋友也都得听我的！" ——缺乏合作和分享意识，无法融入朋友圈，

变成孤独的自大狂。

　　如果我们总是用建议和请求的方式教育孩子，把选择的权力交到他们手上，孩子会误以为自己真的是个领导，慢慢养成主导别人的习惯。长期下去，这样的孩子会变成孤独的自大狂，无法融入朋友圈，他们不愿意接纳其他人的意见，也不会改变自己的想法。与其他人进行交流时，因为不知道什么是合作分享，遇到冲突时不懂得退让，他们习惯了做决定的是自己。所以当环境不允许他独自做决定时，他们宁愿选择自己待着，也不要什么朋友。这种孩子有个很形象的比喻——孤独的将军。

　　固执和保守是一切社交关系的阻碍，孤独将军的内心就像他们的名字一样，是孤独和悲伤的。他们内心很渴望朋友，然而老师的帮助、其他同学对他的主动接纳，都没有办法让他摘下将军的帽子，这种无力感会让他更难过。他常常会把自己的不受欢迎归咎于其他人和老师对他的不理解，而真正能够帮助他们的，只有父母。父母应该替孩子承担做决定的职责，让他们享受遵守指令、与他人合作的权利，这样才能帮助他们卸下心防。

　　4. **"在学校，老师让我们必须遵守规则。可是在家，我父母却问我要不要遵守规则，可不可以这样做？"——对规**

则没有正确的认知。

八岁的洋洋对学校和家里的生活都不满意。在家里，父母一直用"建议加请求"的方式，每件事都会让他做决定；而在学校，由于老师要管理整个班级，只能采用"指示加命令"的方式，直截了当地指引学生，这让洋洋很不适应，对规则认识也很混乱。

没有老师会在课上这么说："三班的学生，要不要把铅笔放在一边啊？"或是"要是大家可以在门口排成一排就好了。"为什么学校的老师不会对学生提出建议或请求，让孩子来做选择呢？因为他们知道，这样做会产生许多问题。因此，如果你的孩子还要去上学，最好让他提前适应指示和命令，学会遵守规则。

父母怎么做

　　教养是父母与孩子的双人舞，只有两个人往相同的方向走，舞蹈才能进行下去。与幼儿期孩子沟通，虽然父母要扮演管理者，执行决定权，但这并不代表父母就是专制的暴君。在运用立规矩的四步法时，更要注意情感的培养和方法的灵活。

**　　1. 先观察孩子的精神状态，建立情感联结。**

　　执行界限之前，要跟孩子建立情感联结，而建立情感联结之前，则要观察状态。这就像如果你想邀请一个人跳舞，在走向他之前，你一定会花些时间观察他的表情。如果他面朝舞池而坐，眼神中透露出向往和渴望，那么你可以大方地走向他，直接伸出手，邀请他和你一起共舞。可是，如果他背对着舞池而坐，一直低着头，看起来不太主动，甚至有些抗拒，那么你在邀请时则要调整自己的方式和语言。你可以先走到他身边坐下，用一些比较安全的话题拉近你和他之间的关系，同时也可以试探他的想法。如果他明确表明自己不愿意跳舞，你肯定不会把他拉进舞池，强迫他跳舞。

　　这个道理同样适用于教养孩子。戈登·诺伊费尔德博士在《每个孩子都需要被看见》中把这种教养艺术称之为"教养的求爱舞"。先要观察孩子的状态，当孩子感到迷茫或因生活的不顺而显得焦虑时，你要调整自己的情绪和状态，再与孩子建立情感联结，这样他们才更愿意接纳我们给出的指示。换句话说，在邀请舞伴前，你必须先确认他的想法，赢得他的认可，他才更有可能接受你的邀请。另外，每一支双人舞都有领舞者和跟随者，而父母则是领舞者。只有二者配合得好，才能碰撞出和谐的火花，在自己的位置上绽放光彩。

　　2. 确认眼神。

　　在与孩子的沟通中，注意力是第一位的，而眼神确认尤其重要。当然，如果你发现孩子显得心烦意乱，压根就不想看你的时候，可以试试用身体语言——坐在他的身边。记住，一定要和他坐在同一边。因为面对面意味着谈判，孩子会把它视作对他的挑衅。先从他的状态聊起，尽量保持中立，比如"嗯，我知道这很难"。每个人都会出现情绪的波动和低谷，孩子也不例外。当他们感受到我们的理解和支持，不再是强硬的抗拒，内心逐渐软化，会慢慢靠近我们，这意味着他们开始"倾听"我们的声音。即使他们低着头，眼神也是温柔的，愿意看着我们的眼睛，握住我们伸出的手。

3. 冷静情绪、持续陪伴。

待孩子注意力集中的时候，不要急着发出指令，先稍稍冷静，坐在孩子旁边，让孩子逐渐信任我们，对我们卸下防备。在这种状态下，孩子会更愿意聆听我们的指令，甚至接受它。

要切记：在得到孩子的信任之后，不要急于说出自己的请求。

小乔家是三胞胎。每次带他们出门是她最头疼的事。"拉拉，拉拉！现在都上车好不好？妮妮，能不能把书收起来，该上车了？小布！衣服穿反了，把衣服脱了，翻过来重穿一次好不好啊？"小乔一边催促着孩子，一边飞快地冲进车里。等她发动汽车，再回头一看，却发现后座一个人都没有。

小乔强忍着怒火，熄了火，下了车，回到屋，她发现拉拉正安静地坐在床上，手里捧着故事书。小布倒是听了她的建议，但脱了毛衣，换上了 T 恤和短裤，他这是要在这个大风天去海边吗？妮妮用玩具垒起了一座塔，躲在里面。

如果此时小乔没有控制住自己的脾气，把孩子们都赶出房间，这可能会给孩子们一个错误的信息：被赶出来意味着什么都不用做。其实大多数孩子在冷静的状态下，都能够从我们的语气和姿态中，分辨出哪些事没得商量，而哪些事可以妥协。然而如果我们的建议和请求太过仓促，他们根本来不及做出判断，往往会选择忽视我们的话。

拒绝匆忙中给出的建议，是孩子的本能。因此，不管父母觉得时间多么紧迫，不要忘了给自己一分钟让自己冷静下来，和孩子建立联结。

小乔没有慌乱，而是走到妮妮的身旁说："妮妮，这是你建的最高的一座塔了，真棒。但是现在我们该从塔里出来，你需要把外套穿上，我们要上车了。"小乔表扬了妮妮辛苦垒起的塔，然后为她指出下一步该做什么，既简单又明确。说完这些，小乔没有着急离开，她和妮妮待在一起，直到她从塔里出来，并开始穿外套。

4.直接指示，为孩子指明方向。

友好地和孩子拉近关系、建立情感联结后，接下来我们要做的就是直接指示。

　　选择会让孩子迷茫，而直接指示才能为孩子指明方向。

　　如果孩子玩走迷宫时迷路了向你求助，你该怎么办？
此时他们缺少的是辨别方向的能力和走出迷宫的勇气。此
时你应该微笑着对他说："别害怕，很多人走迷宫时都会迷
路，特别是这种地方。爸爸带你走出迷宫。"一句"带你走
出迷宫"就能抚平孩子的焦虑和恐惧，这也是父母发挥向
导作用的意义。

　　如果在这种情况下对孩子说："你走不出去，我来帮你，
前面有三条路是可以选的。左边这条路是朝西去的，要翻山
越岭，道路都陡峭，不过风景很美丽；中间这条路会快一
点，不过半道可能会碰到野兽，很可怕的；右边这条路比较
平缓，顺着河就行，但是有很多岔路，总之你记得一直朝东
走就行。就是这三条路，我先走了，祝你好运，孩子！"我
想孩子一定会觉得很有压力。当我们把大把的选项一股脑地
交给孩子时，我们就像失职的向导，说了一大堆，却把孩子
独自一人扔在生活的十字路口。其实他们想要的很简单，不
过是一个清晰的方向。

　　如何充当孩子的向导呢？

　　·直接说出自己的希望："这就是我想要你做的。"

对孩子说出自己的真实想法，这一点听起来很简单，却最容易被忽略。这也是为什么给孩子选择反而会让孩子疑惑，因为他们不知道你到底想要他们做什么。

·关心孩子，但不要轻易改变原则："我知道这件事对你来说不容易，但是我们现在必须做完，宝贝。"

你看，指示完全可以做到刚柔并济，它包含了你的同情和关爱，而你也不再是冷酷无情的暴君。

·塑造家庭价值观："不可以这样，小米。不可以，在我们家不允许说这样的话。"

家庭价值观不是挂在墙上的空话，你应该在每一次的管教、每一天的相处中，抓住机会不断强化这些价值观，这会让你和孩子都养成良好的习惯。

·让他知道，你和他站在同一战线上："我们都这样做，小米，我和你一样。"

格格好像不喜欢刚出生的小妹妹，也不愿意抱她。如果父母站在对立面指责他，只会把他推开。这个时候我们应该和他站在一起，为他指出明确的方向，他才能顺流而下。

·温暖的命令："看完这一页就关灯睡觉，小语。明天你有很多事要做。"

清晰的指示就像一双温暖而坚定的大手，推动孩子在正确的道路上前进。如果孩子是小船，我们必须成为舵手，为他们指明方向。

如果孩子该睡觉了，妈妈问他："你想不想上床睡觉啊？"孩子会一会儿说好，一会儿说不好。这是孩子心里困惑的表现。正确的做法是：直接告诉孩子该睡觉了，然后看着孩子上床。

· 提前做好准备。"宝贝，像妈妈这样整理衣服。我们很快就要出发，去接哥哥了。"

指示可以让孩子知道该做什么，不该做什么。建议或请求，只会让孩子困惑。

5. 细化指示，分解流程。

有效的指示可以将复杂的动作分解成详细而简洁的步骤，让孩子可以循序渐进完成指令。

· 建议："多多，你想不想上车啊？"
· 指示："多多，时间到了，把玩具收起来，我们要上车了。对，把玩具放回去，记得摆放整齐。"

· 建议："你想不想吃早餐啊？告诉我好不好？"
· 指示："今天是星期天，吃面包！现在我们去拿面包！"

·建议："房间太乱了，收拾一下，好不好？"

·指示："游戏时间结束！我们该收拾了，先把玩具车放到篮子里。"

·建议："你觉得这样说好吗？是不是应该跟她道歉呢？"

·指示："我知道你心里不舒服，这样吧，你待在屋子里看书，等你准备好了，再来告诉我发生了什么。然后，我们去和安安道歉。"

·建议："我们把外套穿上好吗？"

·指示："要出门了，现在先穿外套，好了。然后穿鞋子，搞定。"

这里的分解流程更像是对指示的详细说明。给出指示后，我们应该把大目标细化成一个一个小目标，并给出详细的说明和指导。当孩子明确知道自己要去哪里，怎么去那里，指示才是有效的。如果仅仅给出大纲，许多孩子仍然一头雾水，而我们也会把他们的迟疑和困惑误认为不听话。一些父母常常抱怨："我受不了了！我已经跟他说得去赶公交，为什么他就是不听从指令呢？"

在细化指示时，必须严格按照先后顺序，给出清晰的流程。需要注意的是，给出详细说明固然好，但也不要一下子给出很多详细的指令，他们的小脑瓜可记不住这么多东西。最好的解决办法是，分阶段给出指示。

"安安，你看，我们已经把盘子都放到水池里了。那我们开始用抹布擦桌子，把桌子上的饭粒收进垃圾桶里。"然后你和安安一起擦桌子，也许等一分钟或是五分钟，再说下一步，"好了，桌子擦干净了。现在我们把椅子放回原位。"

这里的窍门是，前后两段的指示在时间上一定要有重合，这样孩子才可以从上一步顺利地过渡到下一步。如果他已经擦完桌子，你还没有给出下一步的指示，他会误以为自己可以自由玩耍了，等到你再去通知他搬椅子，他就很难执行指令了。

你也许觉得，这把简单的事情复杂化了："就是收拾餐桌啊，然后把椅子放好，但是分开说，听起来很复杂。"是的，不过凡事都是从简单学起，当我们养成这样的习惯，就能应对更为复杂的问题。如果每一天的生活都可以这样顺畅，孩子也会和你越来越亲密。

第五章

左右摇摆的吞世代

吞世代，是介于幼儿期与青春期之间的一个阶段。与幼儿相比，此时孩子个性开始萌发，但还略显青涩。他们没有青少年的批判性思维，心理和行为能力又不再是咿呀学语的幼儿，一方面需要别人来指引，另一方面又很希望别人重视自己的意见。

吞世代的特点

　　吞世代，是介于幼儿期与青春期之间的一个阶段。与幼儿相比，此时孩子个性开始萌发，但还略显青涩。他们没有青少年的批判性思维，心理和行为能力又不再是咿呀学语的幼儿，一方面需要别人来指引，另一方面又很希望别人重视自己的意见。所以，我们会看到，前一秒还在跟三岁的妹妹抢玩具，下一秒可能就表现得像个大孩子，说出"爸爸，我的事情我自己来安排"这样的话。

　　同时，外在的环境对孩子的影响也发生了变化。当孩子处于幼儿期时，影响孩子的是父母或其他养育者、家庭日常等相对稳定的环境，到了吞世代，家庭以外的因素对孩子的行为和语言开始产生更多的影响。外在环境的变化让孩子开始在意能否融入同龄人当中，能否得到社交圈的接纳。他们想知道自己是谁，在社会中可以成为什么样的人。幼儿期，父母还会为他们主导所有的事务，但现在他们需要尝试自己去处理一些事情，通过做一些小的决定来认识自我，与此同时，他们也面临着新的机遇、挑战和困惑。

　　让我们来看看 10 岁的卡卡遇到的困惑，以及他父母是如何做的：

　　全家人正商量着一会儿去参加卡卡的颁奖典礼。可这时大家惊讶地发现，卡卡身上正穿着一件散发着汗臭的 T 恤和一条破洞牛仔裤，看起来像是跟人打了一架，而且还是输得很惨的那种。卡卡感觉到气氛有点尴尬，于是用一种满不在乎的语调说了句："怎么了？有什么不对吗？"假装不屑，是这个时期的孩子缓解尴尬最常用的一种表达方式。

　　妈妈转过身看着爸爸，但爸爸没有草率地批评和指责，而是让妈妈拿上衣服，冷静地对卡卡说："好了，快迟到了，我们先上车吧，车上再讨论。"卡卡摊了摊双手，说了句"随便"。

　　上车之后，爸爸对卡卡说："卡卡，你知道什么是根据场合穿衣的规则吗？"

　　"当然知道，但这件衣服是我最喜欢的，而且今天就是一个小小的颁奖仪式，也不用穿正装吧？"

　　"是的，喜欢穿什么衣服，怎么穿，都有自己的想法，这很正常，而且我们也能理解。"

卡卡从爸爸的话中感觉到了认同，轻轻地点了点头："是吧，所以我今天也没什么不对吧？"爸爸接着说道："爸爸上学的时候，特别流行穿一种带 logo 的 T 恤，恨不得每天都穿着。但我们学校对着装要求很严格，只要在学校，就得穿专门的校服！当时我很讨厌这个规定，感觉学校很古板。"

"爸爸，你们学校也太变态了吧，没事干吗要穿校服上学。"卡卡看起来完全认可了爸爸的想法。

爸爸继续说："后来我们还跟班主任表示抗议，于是学校干脆为这个话题举行了一场辩论赛。总之最后经过辩论赛，我们认识到学校的规则的重要性，也让学校做出了一些妥协。但最重要的是我们懂得了穿什么是跟场合有关系的，这不仅是一种仪式感，也是对自己和他人的尊重。"

一直没有插嘴的妈妈开口了："卡卡，生活中我们会遇到很多这样的情况，今天是你的颁奖礼，我们全家都穿了正装，也是表示对你的尊重。"她的语气很温柔，"我想之前爸爸妈妈可能还没教会你什么是礼仪，但从今天这件事开始，希望你能懂得这一点。今天的谈话也并不是在批评你，每个人都有自己的想法，有自己不愿意做的事，这很正常。但爸爸妈妈希望你记住，我们会根据你的情况对你提不同的意见，这是我们做父母的任务，也希望你保持自己的看法，但不确定的事情一定要由爸爸妈妈来做决定。"

　　在这样的情形下，爸爸没有冲动行事的确是个正确的选择，因为短时间内让一个 10 岁的孩子轻易理解爸爸的话没那么容易。爸爸不仅需要让孩子明白每个人都可以穿自己想穿的衣服，展现自己的个性，但同时爸爸又提醒孩子什么是集体，什么是尊重，等等，而这些并不是通过一两句责备和指令就可以教会的课程。

　　因此，这一阶段的父母不能再去完全主导孩子的事务，而需要随时关注孩子的变化和情感需求。当孩子提出要求时，认真聆听他的想法。不管他的看法在大人看来如何离谱，行为多么乖张，都应该保持必要的尊重和好奇。当孩子犯了错误，委婉的提示往往比居高临下的指责更有效果。这样既能保护好他们刚刚萌发的个性，又能替他们掌握好方向。

如何与吞世代男孩沟通

　　"敏感的自我发现期"，是这个阶段孩子的标志性特点，而这一点在性别上会有更明显的区别。儿子和女儿对同一事件的态度是完全不同的，因此父母不仅要了解每一个孩子不断变化的心理需求，还需要关注他们的性别差异反应，这样才能在管教的过程中时刻保持清醒，在他们面临难关时给出最有效、最契合的指引。当然，如果一味地放大性别的作用，也很容易陷入刻板印象中，反而忽略了个体的真正特点。

　　男孩开始意识到自己是个男孩，想法更实际，而且很急切地把想法体现到行动中。他们的力量感也增加了很多，喜欢拆卸、修理和组装任何可以拆装的东西。和女孩一样的是，男孩幻想成功和胜利，但是对他们而言，这种冲动更多来源于他们对于权力、正义和勇气的追求。

　　在和男孩交流时，父母很容易遭遇反抗或质疑，但正因如此，在遇到问题时更不能急躁和强硬。在男孩眼里，变得强势的父母像是成龙功夫影片中看到的那些"反派"或是"坏人"，而勇敢地反击则会成为他们对付父母的不二选择。

因此，与男孩沟通时，一定要注意以下几点：

1.沟通要简短。每次对话控制在3到5分钟内，避免啰里啰唆，或是进行冗长而意义不明的解释。比如下面这样——

冗长对话："让我们先来了解完整的计划，你可以先收拾书桌，再整理书架，或者先擦擦桌子。擦桌子最好用那块绿色的吸水布，这样你就不会把水弄得哪儿都是了，还有你这个书架，我觉得可以分两层来整理……"（从开始吩咐一件事到结束，一直在说个不停。）

简短对话："今天你得收拾自己的房间，下午2点之前收拾好。"

2．细化分解。男孩需要时间理解你说的话，如果你想要男孩改正一个坏习惯，但是过程又看起来比较复杂，不妨将它分解成两到三个步骤，在一到两天内通过几个简短的对话，完成这个连续的过程。

3．规定最后期限。当你需要孩子完成一项任务或是给你一个明确的答案时，一定要设定截止日期，比如这样："你的房间很乱，明天下午之前必须清理干净。"

4．注意说话的时机。如果儿子正在专心致志地画画或是锻炼身体，最好不要打扰他。男孩的注意力一旦高度集中，被干扰后就需要更多的时间来调整自己。当然，如果儿子是在做家务，他们会很愿意和你说话，因为把干家务的时间花在和你聊天上，对他们来说算不了浪费。

5.关注当下的问题，不要翻旧账。一旦孩子再次出现叛逆的行为，我们很容易联想起过去他的缺点，反而忽视了当下最需要解决的问题。

翻旧账："你总是说话不算话，又偷拿哥哥的东西。这是第几次了？第三次？第四次？"

就事论事："如果想玩对方的玩具，一定要提前征求对方的同意。这次，我希望你能这么做。"

6．说具体的行为，而不是光顾着发泄情绪或感情。当然，这并不代表男孩不能理解细腻的情感，只是具体的行为会更容易得到他们的认同，也更有可能理解他们的选择会产生怎样的后果。

　　情绪性问话："你怎么还在磨蹭，能不能快点，大家都在等你。"

　　针对具体行为的对话："你姐姐预约了3点的牙医，她的牙套该复查了，如果错过了需要再等两个月的号，所以需要你在5分钟内出发。"

　　7.在提出问题前，先要对孩子做出肯定。这个时期的孩子喜欢被认同，当他犯错误时，不要急着去指责，这会让他们感觉一无是处，并出于争辩的本能会拒绝听从指令，所以不妨先对他们给予必要的肯定。

　　否定性对话："你又把东西扔得到处都是，谁走到这里都会被绊倒！你总是这样邋里邋遢，你能不能把这些盒子收走！"

　　肯定性对话："哦，你帮我们把车库清理干净了，都没有等我开口就主动做了，这样你的自行车也能放进去了，真好！不过有一个问题就是，这么多东西都放在车道上，我就没办法把汽车开出来了。"

8.让他们多参与。这一点很重要，不要"推开"或"忽视"他们，让他们一起来解决问题，尤其是一些需要动手操作的问题，大部分男孩都很喜欢。比如，我的车子坏了，没法骑了，你来帮我一起看看怎么修好吧。

如何与吞世代女孩沟通

吞世代的女孩情感变得细腻起来，能敏锐地察觉到别人细微的情感变化。在自我发现的过程中，她们更在乎别人的态度和说话语气，而不是具体的事情。同时，她们在穿着谈吐上也会更凸显女性色彩，所以这个阶段的小女孩最喜欢穿上妈妈的高跟鞋，抹上口红，扮演自己想要成为的那个人。在处理人际关系上因为比较注重情感体验，所以和家人朋友相处的时候表现得比较感性化。

两组 11 岁的小孩在打球。一组是男孩，一组是女孩。男孩组因为最后一次击球是否"出界"发生了争议，大概过了一分钟，两边的男孩似乎都无法说服对方。这时，负责组织这场球赛的男孩站到场地中央，大声说道："够了，这样吵下去也没有意义，这个球重来！但是从现在开始，我们要定个规矩，只要球接触到边线，不管是哪个部分都算出界。"所有男孩都对这个提议表示赞同，完全忘记了争吵，全心投入到新一轮的比赛中。

　　与此同时，女孩组也出现了类似的问题，然而她们的解决办法却迥然不同。与男孩关注的"出界规则"不同，女孩更在意的是态度问题。其中一个击球手在打出最后一球时，发现两个女孩在场地外窃窃私语，甚至露出了异样的笑容。她觉得这是对方在嘲笑自己，所以她和这两个女孩当面对质，被质问的女孩立刻反问道："你怎么总是这么敏感？再说了，你怎么知道我们在说你？"击球手想都没想就回答道："还不是因为我不喜欢跟你们穿得一样！就是因为这个！"这句话一出，围观的女生也开始交头接耳，看起来有人认同，也有人不赞同。这时，另外两个勇敢的女孩站到了中间，她们希望大家各退一步，只是效果并不像男生组那么好。两组女生都气愤地甩手而去，并带走了各自的支持者。球场上只留下她们愤慨的结束语："算了！"和"随便！"这样一来，大部分女生都离开了，比赛也没办法再继续下去。

　　如果把解决问题看作自我发现的过程，你会发现男孩解决问题的方法往往更直接、更现实，他们针对的是事实本身，而女孩的方法更迂回、更曲折，她们在乎的根本不是事实本身，而是对待事实的态度。她们的情感细腻而丰富，不加修饰，所以父母在跟女孩沟通的时候，很容易被女孩的强烈情绪掌控，然后以同样的情绪化来应对，这样就无法真正解决问题。其实，情绪化的女孩需要的只是一个温暖的怀抱，能有人帮助她们容纳和梳理这些泛滥的情感。跟这个阶段的女孩沟通，父母需要帮女孩走出情绪圈，尽量保持冷静，把重心放在这个问题上："我女儿此刻看起来糟透了，她可能需要的只是一个拥抱或一句安慰的话。"

如何帮女儿度过这个时期呢？

1. 移情。任何时候都要告诉你的女儿，你理解她的感觉。

只讲道理，不讲感情："这些家务是你必须做的，不要给我讲借口，每个人都要给家庭做贡献。"

移情式对话："嗯，我听懂你的意思了。作业让你很有压力，如果再做家务，可能忙不过来。但其实事情没有那么糟，咱们一起来试试，你会发现做家务其实有助于缓解压力。"

2. 做女儿的避风港。不管女儿在外面经历了什么风雨，当她选择向你倾诉困扰时，一定要及时出现。因为这表示她信任你，你的接纳和拥抱能帮助她迅速稳定情绪。你给她的支持会鼓励她勇敢面对自己的情感波动，即使知道自己失败，她也能找到永远的避风港。

3. 注意用词、语气和身体语言。此时孩子不过 10 岁左右，但她们要比你想象中更敏感。一些不经意的语气、一个无关紧要的动作都有可能让本来已经困扰的她们承受二次打击。和女孩说话时，我们的语气和身体语言应该尽可能保持中立，因为不论我们说什么、做什么，她们都会记在心里。

一句"就那样"很有可能让她在一秒之内从自信飞扬变成自暴自弃："对！我就是又丑又笨又没用！"所以，如果你要评论她们的穿着打扮或是思维方式，要小心用词。不管是生理还是心理，这个时期的女孩都像刚刚绽放的花蕊，鲜艳无比却又十分脆弱。

4. 选择合适的谈心时机。当她们在表达自己的感情时，我们说的任何话，她们都不可能听进去。所以，尽量等他们表达完情绪，再和她们对话。

5. 给孩子一些情绪缓冲的时间。很多时候，父母认为孩子必须改掉其缺点，所以很容易急躁和强硬，希望自己所指出的能得到孩子的认同。然而正在被各种小情绪困扰的女孩，很难跟上父母的节奏，而她们的漠然和忽视反过来又会激怒我们，让我们乱了方寸。比如下面的对话："这么说话就是不对的，你这么说让大家都不开心。你不要找借口，我不相信借口。你不要不吭声，我在问你话呢！"相反，如果换一种方式，"我让你现在就出门，你接受不了，对吗？但这是规则。我知道你很气愤。你先在房间里冷静几分钟，我去洗个澡，一会儿咱们再来说一说规则。"

6. 给自己一段情绪缓冲的时间。可能是出于性别差异，很多父亲在面对女儿连珠炮式的情感倾诉时，常常会显得力不从心、不知所措。即使他们在幼儿期能够跟上女儿的节奏，到了吞世代时期却不知所措。当女儿有情感需求时，给自己一些时间思考和整理。比如，"好的，我知道了，但是给我几分钟，让我想一下再告诉你。"

7. 使用跳弹式对话。跳弹是军事用语，指子弹击中一个物体后可以反弹再击中下一个物体。当你不太方便直接指出孩子的错误时，不妨"曲线救国"，和第三人讨论这个问题，但要保证你的女儿可以听到。很多时候孩子虽然没有犯错误，但我们希望让她理解某个规则，那么对吞世代来说，使用跳弹式对话可以减少不必要的误解和对抗。比如，当她开着房门时，你可以在客厅里和先生假装聊天："我刚刚听几个妈妈说，昨天晚上在六年级学生的聚会上，几个女孩跟男孩吵起来了，后来这几个女孩独自去公园玩儿了。大半夜几个小姑娘单独在公园里待着太危险了，大人们很容易着急。"

8. 孩子需要规则，更需要尊重。小时候，有一次我们全家正在一起吃晚饭。姐姐突然说了句脏话。妈妈看着姐姐说："嗯，姐姐这是新学了一个词哦，不过这句话以前在咱们家没有听过，那么我希望这句话以后在咱们家也不准说。"妈妈饭后单独跟姐姐说了这个问题，姐姐也接受了爸爸的建议。妈妈的话让姐姐懂得了家里的规则；妈妈没有当场指责姐姐，而选择饭后单独跟姐姐交谈，又表示了对姐姐的尊重。

"三明治法"沟通技巧

在与吞世代的孩子沟通的时候,"三明治法"是一种不错的沟通技巧。这个理论第一次是出现在批评心理学中,被称为"三明治效应",指的是当孩子犯错的时候,把需要指出的错误内容夹在两个表扬之中,这样批评者就能愉快地接受批评的现象了。在与吞世代的孩子沟通的时候,这个技巧可以拿来灵活运用。当你需要跟孩子沟通一件事的时候,指对话的开始和结尾是面包层,中间这层则是缓冲层。第一层让孩子说出自己的想法,最后一层父母来总结做决定,而中间的配料层则是沟通的情绪和思考。

第一步:引导孩子说出问题。如果孩子是因为想要做一件事,试图征求你的同意,要抓住孩子给你的这个信号,因为这表示他们愿意倾听你们的想法。如果他们有困惑或是有困难,这样的开场白也能鼓励他说出来,之后你才能知道如何去指引他们。

第二步：共情孩子的情绪。当孩子在你的鼓励下说出自己的想法时，为自己和孩子留出一个情绪缓冲和大脑思考的空间。不要急于去判断，可以和孩子一起来分析这件事。这既能培养孩子的冲动控制能力，也能让我们和孩子之间的沟通变得更为顺畅。

第三步：做一个总结和决断。和我们对孩子的要求一样，在做总结决定时，我们也要做到以下三点：合适的时机、为他人考虑、语气平和。这也是为什么我们需要第二步，只有经过充分的思考，才更有可能达到这些看似简单却并不容易的要求。

假设你儿子米格想和好朋友图图玩儿，你听完他的想法后可以这么回答："米格，你能和我说出你的想法，我很开心。而且在我们一起商量这件事的时候，你能够耐心等待，这很不容易。我本来不想答应你的，看到你这么贴心，我决定再跟图图妈妈约一次。明天肯定不行，我们已经有很多安排了，但我会跟图图的妈妈打电话的，我保证，一定尽快让你俩见一面。"

这种"三明治式"的沟通方式，不仅让亲子之间的沟通更顺畅，也可以培养孩子的内在品格。你对孩子的尊重，让孩子也学到了尊重别人。跟孩子一起分析一件事，让孩子在解决问题的过程中学会了合作和考虑他人，也变得有耐心，学会了调整情绪和控制冲动。

即使你和孩子没有达成一致，或是孩子并不认同你的决定，你也可以跟孩子一起商量弥补的措施。在我们的帮助下，孩子增长了抗挫力，能更好地适应生活，应对不如意的状况。一位爸爸说："以前要是跟孩子说好去游乐场，但因为我临时加班没去，然后我说不能去了，孩子就会号啕大哭或者变得愤怒暴躁。但现在我会跟孩子一起先说一说这件事，问他你是不是很失望，有什么想说的，等他宣泄完后，我会很平静地跟他一起分析和体验这种失望的感觉，看看有没有什么方法可以弥补。虽然最后肯定是去不了游乐场，但经过这个过程，孩子的情绪会好很多。"

第六章

"我的世界，我还做不了主"的青春期

青春期的孩子还是需要父母引导的，只要找到合适的方法，我们仍然可以和孩子建立亲密的联系，在孩子人生的关键时刻发挥作用。

　　在很多父母眼里，这个时期的孩子自我、自私，不顾及他人感受。对父母的话，他们总是用轻蔑的眼神或嗤笑以示不屑一顾。事实上，每个人的大脑都有一层自私的滤网，当我们接收外界信息时，第一反应就是"这件事跟我有什么关系？"大脑发育成熟的成年人能很好地处理这个反应，解决问题时会考虑到其他因素，而青少年的大脑尚未完全成熟，这层自私的滤网则占据了主导地位。他们不但顾全不了全局，而且会从整体中放大和强化这个细微的局部，只在意与自己有关的事物，表现出特立独行的行为，热衷于挑战权威，希望自己的观点可以得到重视。

　　然而，这些都只是孩子内心迷茫的表象和需要帮助的求救信号。他们看起来很有主见，对父母的指导不屑一顾，但事实上他们所做的选择绝大部分都会受到父母价值观潜移默化的影响。

　　一位朋友跟我们讲了他青春期时的一件事。

　　一天放学后，天空下着小雨，我独自一人走在回家的路上。突然有一辆红色的车在我身边停了下来。车窗摇下，我看到了两张比较熟悉的面孔，那是我初中的同学。还有几个不认识的女孩。他们一边跟我打招呼，一边把车门打开，示意我上车："嘿，一起去玩玩儿啊。"我很纠结，一方面我确实想出去玩儿，另一方面又觉得这个年纪开着车出去有些危险。我的犹豫让他们失去了耐心。开车的男孩一边关上车窗，一边冲我喊："没劲儿，胆小鬼！太没劲儿了！"这句话刺痛了我，到家也一直闷闷不乐，但我没有把这件事告诉父母。吃饭的时候爸爸看我不是很开心，问我怎么了。我说没事，爸爸说："儿子，有事需要跟爸爸说的时候，爸爸随时都在。"我点了点头，之后我也慢慢忘记了这事。那一刻我还不知道，我的胆小让我躲过了一场灾难。

第二天一大早，我收到了朋友的信息，说是出了大事。原来他们昨天飙车，结果在一个弯道冲出马路，撞上了大树。开车的男孩当场就死了，他的女朋友直到现在还在医院里和死神奋战，而我的这个朋友和车里的其他人都受了伤。

我庆幸自己没有上车，更加感激平时父母对我的教导。站在十字路口徘徊的那一刻，爸爸经常跟我说的一句话在我脑中响起："生活中的诱惑很多，但有时候你需要坚定一点，做自己！"这种影响其实就是潜移默化的，让我在生活中自己做决定的时候不会失去自我。

这个时期的孩子还是需要父母引导的，只要找到合适的方法，我们仍然可以和孩子建立亲密的联系，在孩子人生的关键时刻发挥作用。这个时期的我们，虽然要退居幕后，让孩子大展拳脚，但仍要做好孩子的导师，坐下来和他们聊聊天，指引他们做出正确的选择。当他们偏离轨道时，适时地拽回，帮助他们实现属于自己的人生。

强大而脆弱的情绪免疫系统

　　这个时期的孩子情绪免疫系统是强大的，但更是脆弱的。某种程度上来看，他们的情绪免疫系统就像新生儿的身体免疫系统一样，缺乏抵抗力，很容易感染病毒和细菌。如果说吞世代对强烈情感的认知尚在孕育之中，那么到了青春期，这些热烈而敏锐的情感终于迎来了新生。随着自我认识的不断深入，青少年越来越强调自己的想法在生活中的重要性，然而他们脆弱的情绪调节力，不仅无法应对自我成长与各种价值观的冲突，还会迫使青少年承受碰壁和失败的痛苦。

　　婴儿生病后总是啼哭，青少年遭受挫折时也会迷茫和无助。伤心的婴儿在父母温暖的怀抱中得到安抚，而脆弱的青少年，也只有在父母冷静的支持和鼓励下，才能学会控制自己的情绪。

　　大声啼哭对婴儿是有好处的，他们在啼哭时，颅内压力的增加可以使颅骨保持一个良好的形态。同样，成长过程中的情绪化也可以帮助青少年打造更健康的形象，让他们对自己有更深刻的认识。婴儿需要啼哭，青少年也需要强化和表达自己新生的情感，但他们的情感是需要加以疏导的。

也许有人会说，婴儿的哭声几乎是家长的噩梦，天知道想让他们停下来有多困难？是的，确实很难，所以帮助一个青少年走出情绪化的困境，同样也需要耐心和努力，当孩子的行为惹怒我们时，我们也要尽力保持冷静。记住，孩子有多情绪化，就会有多脆弱，而我们的任何负面情绪都有可能加重他们的压力和负担。当情绪退去，孩子掌控生活的能力就锻炼出来了。冷静和温暖的支持，对孩子来说无疑是最强效的退热药。

孩子学走路时，一开始要拉着父母的手才能前进，但总有一个时刻，他会鼓起勇气放开牵着的手，一个人跌跌撞撞地前行。这时，正常的父母并不是强行抓回他的手，而是默默跟在一旁，在他快要跌倒时拉他一把。这份守护，恰巧就是父母需要为青少年做的。

懵懂的青少年，就像学习走路的孩子，一开始离不开我们手把手地指导；过了一两年，他们就会主动推开我们搀扶的手，勇敢迈出独立的第一步。也许他们的步伐摇摇晃晃，也许他们已经驾轻就熟，但无论如何，我们都应该坚定地跟随在一旁，陪伴他们。当他们摔倒时，轻轻地扶起他们，为他们包扎伤口，掸去尘土和失意，便是我们最好的守护。

当然，当孩子正面临严重的情感伤害，及时干预也是我们应尽的职责。也许他们会不理解，会怨恨，甚至会反抗，但这不过是他们弱小心灵的一种自我保护。了解这一点，父母才能在指导者的道路上，坚定不移地走下去。

陪伴孩子，我们要做的只是冷静地观察和及时地指导。有时我们说了很多，孩子可能看起来毫无反应，但其实他们已经将我们的话记在了心里。如果我们说的是对的，而且与他们的生活息息相关，这些信息就会不断影响他们的选择和决定。当孩子情绪低落时，他们的心防更为脆弱，这也是我们传递正面影响的大好时机。正因如此，越是这样的敏感时刻，我们越应该谨言慎行，避免对他们造成二次伤害。

青春期的不同阶段

青春期分为三个阶段：否定期、转折期和肯定期。

否定期（13~14 岁）：封闭自我、敏感脆弱

在这个阶段，孩子不愿意与外界发生太多情感交流，而是全身心投入到内在的"情感重塑"中。他们通常会有下列表现：

·敏感。情绪波动浮动大，非常敏感，不论是批评还是表扬，都会让他感到窘迫和难堪。

·喜欢独处。因为敏感，他们更愿意独处，要么与大自然亲密接触，要么窝在自己的房间里。

·喜欢伪装自我。为了掩饰自己的不稳定情绪，孩子常常会为自己设定一个角色作为保护色，比如体育迷、音乐发烧友，或是滑冰爱好者。他们把真实的自己隐藏在角色背后，而对这个角色的投入和热情，也会在他们和世界之间产生隔阂。

在生活中体验各种各样的角色是正常的，然而引发这些角色的压力根源如果一直得不到解决，这个年纪的孩子很可能在角色背后迷失自己。因此，我们应该尽快走进他们的内心，了解压力所在，然后对症下药。需要注意的是，直接指责孩子，只会引起他的厌恶和逃避。我们应该从根源上减少压力，比如取消繁重的补习班，或帮助他们修复和朋友的关系。只有拨开生活的迷雾，孩子才能找到真实的自己和正确的方向。

转折期（15~16岁）：反复无常、判若两人

从15岁开始，孩子和父母、朋友的沟通方式会发生转变。虽然大部分时间孩子还是拒绝情感交流，没有完全卸下心防，但是偶尔他们也会允许我们在适当的时机进入他们的内心。等他们到了十六七岁，自我调节能力越来越强大，就会更愿意主动和我们分享情感中的苦与乐。他们通常会有下列表现：

·反复无常。这个年纪的孩子仍然是反复无常的，他们一只脚跨进情绪控制的大门，一只脚却还停留在自我封闭的世界。也许前一天晚上还因为生气闭门不出，第二天早上就能为你贴心地做好早餐。他们也许会前言不搭后语，当你主动提出帮助时，他会大喊："别再把我当成小孩子了！"可是

过了几个小时，假如他的计划失败，又会推卸责任："你看我干什么？我就是个孩子！"这些喜怒无常的表现虽然很难令人接受，在另一方面却是个好消息，这说明孩子在过去十几年积累的控制冲动能力和社交技能，即将帮助他们跨过不成熟这座大山。

·判若两人。比如，早上看到电视里播放流浪者的遭遇，孩子特别伤心，很同情他们。但过了一会儿，他却把刚学会走路的妹妹推到一旁："让开，笨蛋！"当全家准备去游乐场时，父母问青春期孩子要不要加入时，他会极不友好地拒绝，可如果你们回来后兴致勃勃地讨论过山车，却没有给他带礼物，他又会感到深深的孤独。

肯定期（17~18 岁）：大声说"是"，开始认同

这是青春期的最后一个阶段，经过几个阶段的情感重塑，孩子开始意识到自己不再是家里唯一的中心。他们再次对父母卸下心防，成为无话不谈的亲密朋友。

一位妈妈在谈到 18 岁的女儿时说："她很小的时候，我们之间很亲密，那段时间很美好。在刚进入青春期时，关系似乎突然疏远了。最近我发现她又回来了，会跟我谈谈心，关系变得和以前一样亲近，而且她对我们还多了一份尊重。"

另一位男孩的父亲也有相同的经历。"不知道为什么，

刚进入青春期的时候，孩子就像变了一个人。但是随着他慢慢长大，我感觉到情况在慢慢好转，以前那种亲子之间的联系感又回来了。可能是从来没有消失过，只是以前被隐藏了，而现在这些有温度的水，就像温泉一样不断冒出来。所以当孩子进入青春期了，父母要对自己有信心，这是我的经验之谈。我们和孩子的感情是需要时间去沉淀的，经过这个过程，它会比以前更真挚。"

在这个阶段，孩子身上出现了一些变化：

·思考力和洞察力增强。过去他们会执着于一个想法，而现在他们的视野更为宽广，已经可以从不同的角度看待同一件事情。他们逐渐认识到生活的复杂性和多面性，常常会沉浸在文学作品、科学世界或社会实践中探究生活的答案。

·充满正义感。孩子开始认识周围的世界，他们发现世上不仅有童话故事里描述的美好，也有数不清的苦难和悲剧。认识社会的阴暗面是人类的一大进步，然而只看到阴暗面，却会让人变得愤世嫉俗、消极堕落。当孩子出现这种情绪时，父母应该及时察觉，并引导他们全面地看世界。

如果你的女儿有一天因为看某个新闻事件感到愤怒，那么你可以承认她的愤怒，但也要带领她去全面分析一件事，看到事情的两面性，甚至可以探讨你们一起可以为这件事的改变做点什么。当她选择做点什么，而不是一直沉浸在愤怒中时，她就会慢慢变成一个正能量的人。

·理想化。这个年纪的孩子已经学到很多丰富的知识，会基于书本理论提出许多猜想，但想法有时过于理想化。当孩子提出新的想法时，不管听起来多么荒谬，父母都要保持冷静，同时说出自己的真实感受。我们的回应对孩子来说十分关键，我们可以跟他们一起探讨，或者和他们一起去亲身验证，然后根据经验指出可能的问题。

·批判性思维与批评思维。这个年纪的孩子，已经能够带着批判的眼光看待周围的一切。学会反省和质疑能让孩子更快成长。批判性思维不同于惯性批评思维。人们之所以会毫不留情地指责和伤害别人，都是因为总想批评，忘记了换位思考。当一个孩子粗鲁地对待同学时，父母不要去当面指责孩子，否则孩子不仅会反抗，还会学到批评思维。父母与其去直接指责错误，不如问一问他，其他同学会怎么想？老师会怎么想？而那位被伤害的同学，他的父母又会怎么想？在分析过程中，他会发现自己的方式有什么不对，也能看到别人的优点和不当之处。只有这样，你才能引导孩子全方位地分析整个事件，从一边倒的批评转换为平等双向的交流，而孩子也会从反抗变成合作，慢慢学会用批判的眼光看问题。

青少年的朋友圈

　　人际交往，对这个年纪的青少年来说显得格外重要，然而复杂的关系网可能会为他们带来新的问题。爸爸与女儿妮妮在交友问题上就出现了分歧：

　　"爸爸，她们是我好不容易才交到的朋友，你不能就这样不让我见她们！这不公平！" 15岁的妮妮生气地对爸爸又吼又叫，而爸爸却一直坚持自己的原则。他很担心妮妮最近认识的这两个女孩，她们在一起讨论八卦的样子让他想起了以前的高中女生。虽然在妮妮的眼里，这些能说八卦的时髦女孩，就是能和自己分享青春快乐与苦恼的闺蜜，能陪伴自己走过漫漫人生的挚友。但爸爸是过来人，他更了解这样的友情，这些一时兴起聚在一起的女生团体，往往会因为一点小事发生争执，最终四分五裂。看到妮妮为了和她们成为好朋友，不惜花费大量的时间学习她们的穿着打扮，聚在一起说别的同学坏话，爸爸真的很担忧。他很清楚，这不是真正的妮妮，她已经迷失了自我。

爸爸应该如何向妮妮解释自己的担忧呢？长篇大论地分析利弊？过于晦涩！旁敲侧击地提醒和暗示？不够坦诚！技巧在这时都显得多余，我们需要的是平等和真诚。事实上，父母最大的优势在于孩子经历的每一步，我们都曾经历过，所以经验和感同身受就是我们最好的武器。

首先让他们明白世界上的友情有很多种，"你可以和很多人交朋友，有的是点头之交，有的是萍水相逢，而只有一小部分人可以成为值得信任的挚友。这样的友情是当你遇到了麻烦，你会第一时间去找他们，而不会想起另外的那些人。"有些友情是流于表面的，有些却是肝胆相照的。越是简单的解释，越容易得到孩子的认可。

当然，简单的区分还不够，如何进一步引导，则需要考虑到孩子的不同性格。如果他是外向型，热衷于交朋友，享受被认可的感觉，甚至把所有人都视作密友，但是尝试越多，意味着失败的可能性越大，可能会面临反复的焦虑和失落。同时，来者不拒的个性也会让他们更容易被控制，成为其他孩子捉弄的对象。因此作为父母，我们应该帮助孩子厘清事情的先后顺序，确保正常生活不会受到影响。

如果他是内向型，他的表现则可能完全相反。他不喜欢社交活动，即使有很多孩子愿意接近他，他最多也只会拥有一个亲密的朋友，而一旦和某个特定的亲密朋友待在一起，就会拒绝和其他人沟通，容易封闭自己。这种封闭会导致他们过分依赖。所以，面对内向型的孩子，我们尽量为他们创造机会认识更多的人。这种联系不需要很亲密，也不需要很频繁。

一位母亲告诉我们，她每个星期都带女儿去陶艺班参加一次公共课程，学习如何制作陶器和手工。女儿在那里认识了很多有趣的年轻人，也结交了新朋友，她很欣慰。当女儿的"闺蜜"突然搬离了她们的城市，这些在陶艺班每周见一次的朋友，就成了女儿最大的安慰。

当然，性格有更复杂的分类，这些行为本身也不是问题所在。我们要做的不是强迫孩子依照我们的设想去交朋友，而是当他们在人际交往中遭遇挫折和困扰时，根据我们的经验为他们指引方向。

认识到友情的多面性，根据孩子的性格进行引导，才能帮助孩子在交朋友时，拥有更多的选择。如果一段友情需要他改变自己的本性，或是强迫他做自己不愿意做的事，那么除了这段友情，他是否还有其他的选择？不难想象，如果他还有其他的朋友，或是更亲密的家人，他就不会为了一段友情，而让自己陷入危险和迷茫中。那么，什么样的关系可以在孩子的生活中比肩如此重要的友情呢？我想，温暖的家庭、稳定的亲子关系显然是上上之选，这也是父母应该为孩子提供的。当他和朋友相处得不够顺利时，如果父母可以让孩子感受到自己的支持和鼓励，那么他们在外面的交友一定会更得心应手。

青少年的"爱情世界"

青少年就像一颗小树苗，慢慢长高的同时也会伸出枝杈。除了家庭和学校，他们会接触更广阔的世界，在这些未知的领域认识新鲜的面孔。在这其中，总有一些人的说话和打扮方式很特别，会吸引他们的注意，激起他们内心想要与众不同的渴望，这种渴望促发了青少年最初萌动的爱情。

和成人的恋爱不同，此时的"倾慕对象"常常是遥不可及的，可能是举世闻名的运动员或是流行歌手，也可能是生活中每天都会见到的人，某个老师或教练。孩子会幻想与倾慕对象相处的场景，在梦里对方会注意到自己。这种幻想说明青少年开始了关于如何爱别人的探索。他们通过角色扮演认识和掩饰自己，通过幻想和另一个人建立比友情更为亲密的关系来开拓自我的关系。但是，青少年的幻想往往是单向的，而且必须是单向的。因为一旦对方回应了自己的情感，青少年的倾慕就会瞬间破灭，原本代表了所有美好的幻想现在只会让他们感到厌恶。正因如此，他们选择的对象，往往是不太可能回应他们情感的那些人。

这样的幻想看起来不切实际，但它却是青少年"爱情"的初生模样，所以不要轻视它的力量，更不要打击勇敢走出这一步的孩子，他们的行为也许不够成熟，但他们对爱的渴望是真挚而美好的，而且这种幻想是他们通往真正双向爱情的必经过程。我们都希望孩子能够学会尊重别人，作为父母，我们也要以身作则，给孩子以尊重和必要的帮助。

在与孩子探讨"爱情"这个话题，我们无法回避另一个主题——性行为和性关系。现在信息的发达，让青少年很容易接触到性方面的信息。他们对爱情充满渴望的同时，也会对性充满期待，但他们对性行为的不成熟认识让父母的引导变得必不可少。

《每个孩子都需要被看见》的作者戈登·诺伊费尔德博士对这个问题有专门的讲述，他提出青少年在性行为和性关系上过早出现问题，父母要反省的是自我。很多父母一看到自己的孩子出现"恋爱"的想法，就觉得必须赶紧把这个火苗熄灭，蛮横制止或严厉批评。事实上，批判反而会引起孩子的逆反心理，不如选择一个安静而充足的时间，和孩子聊一聊什么是爱情，性与爱情到底是什么关系。和孩子大方地分享你的经验，告诉他们你在青春期对性和爱的困惑，你是如何通过了解爱情解决了这些困惑。需要注意的是，和孩子的讨论要用平等的姿态，允许他们提出质疑，说出自己的想法，而不是强迫他们按照我们的想法做出每一个选择。

C.S. 刘易斯在《四种爱》一书中，将人类的爱细分为四大类，这种分类方法有助于我们跟孩子来聊一聊"爱"这个话题。

爱的第一层是情爱，是最世俗的一种类型，类似于性冲动。所谓情爱，即一个人的身体对你产生了强烈的吸引力，虽然你无法解释这种情感，但你绝对能够感受到内心强烈的悸动。你很想和他 / 她更加亲近，任何出于社交礼貌的距离和界限，现在变得越来越模糊。虽然性欲的产生完全是正常的生理现象，但如果仅仅出于性的吸引力（比如对方很性感）就和另一个人走进性关系，往往会酿成苦果。

基于性欲的情爱就像丘比特一样，是疯狂而盲目的，你会因此忽略构成这个人的其他重要因素。你爱的对象可能是善良的天使，也可能是冷酷无情的控制狂，可是你对此一无所知。如果这样的行为在生活中不断出现，你会把自己完全暴露在未知的风险中，最终受到伤害的不仅是身体，还包括你的情感。更重要的是，如果你不了解一个人，甚至不知道他 / 她为什么会爱上你，就贸然走进一段关系，这是非常不负责任的行为。我们一直说要做自己，事实上，了解爱的对象也是做自己的必要步骤，只有知道他／她会给你的生活带来怎样的变化，你的选择才是尊重自己的表现。当然，当强烈的性吸引力出现时，压抑这种情感是非常困难的。很多孩子会问："是不是这种感觉越强烈，越说明它是错的？"答案是否定的，性欲的强烈只是生理体现，而我们之所以要三思而后行，完全是出于对这段关系未来的担忧。一旦最初的性吸引力从强烈转为平淡，基于性欲的情爱就要经历更多的考验。

青春期是激素水平剧烈变化的阶段，虽然青少年开始对性充满了好奇，甚至跃跃欲试，但他们同样是敏锐而谨慎的，对性的认识也会越来越全面，因此大部分青少年还是能够建立起亲密和隐私的界限，也不会让自己陷入这种草率的关系中。所以当你想要和青少年讨论这些微妙的话题时，多给他们一些耐心和安全感，让他们自由地表达自己。

第二层爱，来源于友情，称为友爱。这是孩子最容易理解的一种关系，也是他们在日常生活中最为熟悉的。很多时候，当他们遇到和自己爱好相同的人（音乐、运动、穿着），同时对方又有着强烈的性吸引力，这种友情就会很自然进化为爱情。在青少年的眼里，他们之所以选择发生性行为，绝不是出于单纯的性吸引，而是因为共同的爱好和更深入的联系。如果你的孩子也是这么认为的，请尊重他们的选择，这说明他们对友爱已经有了深刻的认识。

但是，友爱和情爱的结合并不意味着青少年进行性行为就是没有问题的。我们对这段关系的未来依然充满担忧：如果其中一个人的爱好发生了转变，这段关系将何去何从？其实不只是友爱，很多人谈恋爱甚至结婚的原因，多是共同爱好和强烈性吸引力的结合。然而，每个人都在不断成长和成熟，特别是并未成年的青少年，他们的兴趣爱好也会不断改变。如果两个人不再拥有相同的爱好，他们只能分道扬镳，这对双方都是伤害；就算勉强继续这段感情，也会像坐牢一样，失去情感出口。你可以问问你的孩子，两个人从 18 岁开始，就一直喜欢同一件事的可能性有多大？我想答案是很明显的。

除此之外，基于相同爱好的爱情关系会变得越来越无趣。不管你们对同一支乐队、同一个球星或同一部电影的喜爱有多相似，它只是生活的一条单行道，既没有深度，也没有足够的发展空间。如果感情的基础只是一条线，不仅友爱会变得无趣，友情也可能褪色。

也许你会觉得这种解释没有说服力，不光青少年，很多父母也会质疑："难道友爱就没有成功的案例吗？即使它肯定会失败，分手也不一定都是痛苦的回忆啊。我上高中时有过一个男朋友，虽然后来闹得不愉快，然后分手了，但我现在再回头看，那个时候他真的很可爱，我会记得他的好。而且吵架分手，这不是学会长大的一个过程吗？"的确，长大的方式有很多种，我们并不是阻止他们长大，只是希望过程不那么辛苦，我想这也是很多父母的肺腑之言。如果你能把这种心情传达给孩子，就会更容易得到他们的认同。我们说失败是成功之母，但我们同时也说不要在同一个地方跌倒两次。情感的失败不只会让我们失眠、暴瘦，它更是一种教训，告诉我们要反省自己，至少在下一次开始时不要犯相同的错误。真正的成长是为自己的目标做出改变，而不是重复历史的悲剧。

爱的第三层是仁爱。相爱的双方不仅仅是出于性冲动，已超越了恋爱的浪漫行为，而是能够做到为彼此无私付出，把爱提升到更高的层次。

面对年轻人的性冲动和对爱情的渴望，我们要承认他们对爱情的认识和体验，但同时要引导他们去认识爱情和性，经过慎重的考虑，确定感情到达了一定的深度时，才进行更亲密的身体接触。

事实上，不仅是青少年，成年人在确定稳定爱情关系前也会有漫长的试探时间，要明确这个恋爱对象会不会回应我们的感情，又愿不愿意给出爱的承诺，如果没有了性，这段感情还能否深化和维系。我们可以告诉青少年，对性行为的慎重并不是不爱的表现，反而是因为两个人学会了相互尊重。一段关系只有打下深厚的感情基础，才有可能持久。需要注意的是，青少年对每段关系都充满了渴望和期待，所以在他们的生活中扮演"道德卫士"只会引起他们的反感和拒绝；相反，我们要引导他们去思考，同时保持这种激情和渴望，这样每一步才能走得更加踏实。

　　爱的最高层是大爱，这是一种"无边界的爱"，是最高层次的爱，它已经超出了仁爱的范畴。不仅是无条件的信任，更是把自己全部的爱倾注到对方的梦想中。在大爱的光环下，你可以和对方融为一体，你了解他在生活中的每一个目标，而你也愿意倾尽所有助他美梦成真。当你找到这样一个人，你会把自己内心深处最隐秘的脆弱和梦想，毫无保留地展现在他面前，因为你知道不管你们的关系如何，他都不会背叛你的信任。最重要的是，这种爱是相互的，而他也会这么对待你。拥有大爱的人，可以透过外表看见内在；他们不是一时兴起，更没有情绪的起伏，他们就像空气、阳光和水，简单而纯粹，即使有摩擦，也最终能达到统一和谐。

真正的爱不仅需要学习，还要去体验和感悟。所以，在跟青少年讨论爱情这个话题时，尊重他们的感受，平和地引导，适时地规避风险。最终你会发现，孩子比想象中做得更好。相信你的孩子吧！

父母怎么做

"亚丽突然跟我说她不想上学了，而要去开花店。说实话，我当时真的很气愤。"一位父亲说，"亚丽在学校所有的科目都学得很好，凭她的成绩完全可以考进全国知名的大学，选一个很有前景的职业。如何与女儿沟通这件事，对我来说是一次考验。"

这位父亲没有选择去指责，而是与女儿平心静气地交谈。在交谈过程中，他了解到女儿对植物学的热爱，也知道女儿有些艺术天分。"我不能左右她的选择，要允许她自由探索自己的人生。"于是，这位父亲给女儿提供了一些不同的建议，建议她不要着急下决定，可以先用暑假时间去花店实习，同时了解一些不同的选择。工作了一段时间后，亚丽发现了自己的兴趣爱好与心中专业之间的差距，改变了以前的想法。

管教一个青少年，就像为徒步旅行的人担任向导，既要为他们备好地图和干粮，又不能完全替他们决定走哪条路。向导能做的是收集所有的信息，告诉他们一些经验，尽力保护他们不受周围环境的干扰，利用潜移默化的影响避免他误入歧途。至于选择康庄大道还是荆棘小路则是由他来决定，而你的好意能否影响他的选择，往往取决于你的引导方式和沟通态度。当你放不下教养的架子，居高临下，不愿适应孩子的成长，用管教幼儿的方式来指导青少年，你就会被拒之千里之外。而当你愿意倾听他们的心声，平等自由地交谈，客观地指导，往往最能帮助青少年看清前方的道路和自己真正的意愿。

让我们来看看具体怎么做。

·善用你的智慧和经验。在成长过程中，孩子都喜欢听父母讲过去的故事，这些感同身受的场景深受孩子们的喜爱。当我们需要指导孩子时，一定要善用这些生动的故事。通过故事，我们可以清楚地向孩子传达自己的人生经验和价值观，既对他们有所帮助，又不会看起来像批评或同情。不要表现得无所不知，这会引起孩子的反感。"是，爸爸，你以为你什么都懂，其实你根本不了解我的想法！"相反，一个和他们的经历类似，却又包含了你的想法的故事，更容易打开孩子沟通的阀门。为了把青少年和我们的距离拉近，你可以这样开始："我想我听懂你的意思了，其实我在你这么大的时候……"

·支持选择，一起分析和列举可能出现的结果。当问题出现时，鼓励孩子说出他心目中可行的选择，帮助他们总结零散的信息，分析每一种方案的利弊。比如，"好的，现在你有三个选择。如果你选择整个暑假都去打工，那么你赚到的钱应该能够支付驾校的费用，你很快就能自己开车了。如果你和朋友去爷爷家里度假，这也很好，因为下一年是高三会很辛苦，这种放松很难得。当然，你也可以去上补习班，毕竟下一年学业很重，提前准备会让你有一个高起点，不过这样就没时间享受生活了。"直截了当地给出所有选择的优缺点，可以让孩子更容易选择。

·适时插手，适时放手。插手和放手之间，有着微妙的界限。很多青少年虽然已经具备了基本的能力，可以解决人生中的大部分选择，但当他面临危险或重大抉择时，父母应该毫不迟疑地插手。如果你女儿刚刚满18岁，骑车时和一辆汽车发生了碰撞。她被吓得惊慌失措，哭着给你打电话，当你到达事发地点时，她正被驾驶员骂个不停。虽然她已经成年了，也可以为自己辩护，但她给你打电话，显然需要你的帮助和支持。所以这个时候，你必须挺身而出，告诉她有你在，一切都会好的。

当孩子表示自己可以做主时，我们也要学会适时放手，这样孩子才能学会承担责任。吴女士 17 岁的儿子大乔想和朋友利用暑假的时间去旅行。吴女士对儿子的第一次旅行很担心，问大乔要不要帮他订好机票和酒店，或者找当地的朋友接待一下。可是，大乔显得有些不耐烦，表示自己会安排好。一旁的父亲赞同了孩子的想法，表示如果需要帮忙可以随时来找他。之后，大乔告诉父亲自己已经查好机票和酒店，也会用自己的零花钱来作为旅行费用，但可能需要父母赞助一部分。另外，他的旅行计划当中确实有几个还没想好的地方，想请父亲给提提意见。吴女士说，那次旅行之后，儿子似乎突然成长了不少，后来的很多次旅行都是大乔来主导。

指导青少年，可以让父母充分体会到教养的两面性：它是幸福的，也是耗费精力的。它在父母的意愿和孩子的个性之间建立了深层的平衡，我们学会接受新鲜的想法，也学会审视自己的态度。这是一个珍贵的机会，得以让父母借助孩子的双眼，看到一个崭新的世界，而这一刻，亲子关系也成为一座大山，让孩子在山顶看到更宽广的未来。从这里开始，他们将踏上属于自己的人生轨迹，而在这之前，我们必须一路随行，给予支持、陪伴和引导。

第三部分

叛逆期孩子面临的新挑战

第七章

应对叛逆行为的终极策略：减压

如果外在压力过多或是没有足够的缓冲时间消化压力，孩子的内心就会失衡，表现出各种叛逆行为。从幼儿期到青春期，每个阶段的孩子都是这样，而应对的终极策略是，为孩子减压，为孩子的外在世界减少干扰和不稳定性。

精简物品数量

　　从孩子最常待的房间开始，拿走不必要或多余的书本、玩具、衣服以及小玩意，让房间显得整齐和干净。当孩子所处的环境变得干净整洁，孩子的压力也会减少许多。

　　现实世界的混乱在一定程度上导致了孩子精神或情感世界的混乱。当孩子拥有的东西变少，他们会更珍惜所拥有的物品，而且能够把最珍贵的东西与朋友分享，也会让孩子认识到友情的价值。有限的物品，能激发孩子无限的想象力，他们在无聊中，会开发出越来越多的玩法，比如把午睡的毛毯当作屋顶，两辆汽车上演追逐大战，而仅余的一块木板被做成大桥。这种创造性游戏，会同时激活边缘系统和额叶，促进孩子合作意识的发展。边缘系统作为情感行为的发展中枢，与正常情感的发生、合作能力及同理心的发展有着密切的关系。

　　当玩具变少时，孩子被迫要在一起玩儿，这就是合作。当玩具很多时，孩子一会儿玩这个，一会儿玩那个，这种行为会激活大脑的杏仁核，而杏仁核会在压力到来时，激活最原始的战逃反应。因此，有限的物品会产生创造性游戏，而大量的玩具只会导致相反的结果。就像我在上面说到的，控制创造性思维的大脑区域同时也掌管合作意识，这就是为什么玩具变少了，孩子们却更团结了。所以虽然减少物品数量带来的改变看起来不可思议，却完全可以通过发育学理论来解释。

　　孩子变得更有合作意识，就意味着争吵变少了，而需要父母插手的次数也自然减少了。所以为什么非要等到两个孩子吵个不停，再去想办法呢？你只需要拿走多余的玩具，他们就会主动聚在一起，用更少的玩具换取更多的快乐和安宁，何乐而不为呢？

建立节奏性和可预测性

每天都有一些特定的时刻，孩子的行为更容易失控，我把这些时刻称作爆发点，比如早晨出门上学、放学回家写作业，以及睡前洗漱。仔细观察孩子的行为，你就可以轻松识别这些时刻，并且提前做好准备。只有了解这些爆发点，我们才能建立生活的节奏，把可预测的爆发变成可预测的和谐。

看到女儿在浴缸里玩儿水，我们可能会用两种口气跟孩子说话。一种是责难的口气："别玩儿了！""你再这样，一会儿就去站墙角！"为什么会用这种口气跟孩子说话呢？这是因为你想起了她上次洗澡时，由于太淘气闹出了大麻烦，你害怕今天也会一样。另一种是温柔一点的口气："你先出来好不好？"显然，这两种方法都不奏效，折中的有效办法是建立节奏，让这些爆发点变成每天都会做的固定行为。秩序感不仅能让孩子集中注意力，也能让家长保持冷静。

一个成功的节奏既包含大的流程，也会突出小的细节。

流程指的是，大体上尽量让不同的事件每天都按时发生，但也可以有例外，比如工作日和周末的时间安排就会稍有不同。重点是一旦选定时间，最好严格遵守，轻易不要破坏它。细节指的是，用带有仪式感的内容强化每个节奏，比如洗手液永远放在同一个位置，牙膏和牙刷朝向固定的方向，或是使用毛巾时一定要对折两次。当孩子开始上学，每天早晨出门时都会带上你准备的午餐，那么为了让早晨上学这件事变得更有节奏感，我们可以从午餐入手，每天都把午餐放在厨房的同一个地方，里面的食材摆放顺序也完全一致。

有些人认为节奏把原本有趣的生活变成了无聊的例行公事。一位母亲告诉我们，她是一个什么事都希望按部就班完成的人，所以她有了孩子后，也想让孩子的生活有规律。事实上，例行公事和节奏感有很大的区别，前者是对动作的机械重复，后者却包含了父母和孩子的交流。当你给孩子规定了具体的时间和工作后，如果你直接走开，留下孩子一个人，这就变成了例行公事，孩子没有感受到与其他家人的联系。如果你留下来，静静地观察孩子的行为，或是和他一起聊天、分享并完成任务，孩子才会感受到家庭的温暖和趣味。当父母建立了节奏，任务本身变成了次要目标，父母与孩子的沟通和联系才是最大的收获。

当孩子和父母逐渐适应生活的节奏，争吵和反抗越来越少，反而有更多的精力和时间去接纳新鲜的想法。即使突发事件出现，你和孩子仍然能够保持冷静，想出最恰当的解决办法。这是一位爸爸告诉我们的故事——

"有一天吃晚饭的时候，我突发奇想对两个女儿说：'你们想不想去看电影，就今晚！'两个孩子一听就举手表示：'我愿意！'妻子看起来很惊讶，她问我：'电影几点开始？''30分钟后。'我有些紧张，没想到她听完立刻就同意了：'好吧，我们一起去！把晚餐打包，在车上吃。'

"30分钟后，我们一家四口准时出现在电影院。电影特别精彩，女儿们都看得很过瘾。我们回到家的时候已经10点15分了（第二天还要上学）。这个时间点已经打乱了我们平时的生活节奏，但因为我们一家人已经有了秩序感，所以大家一进门很快就知道自己该干什么。从收拾餐桌，到轮流洗澡，再到刷牙洗脸上床睡觉。虽然等到所有人都睡下时已经10点40分了，但孩子们并没有任何不适应，而且第二天也都按时起床上学，没有一点疲惫和生气的迹象。我想这些都是源于我们给孩子建立的节奏感，她们内心已经有一种秩序感，即使偶尔变换节奏，她们也能很快应对。"

当然，建立节奏感还有一个重要的辅助工具：事情的可预测性。可预测性能够让孩子在有节奏的基础上，获得更重要的安全感。

　　和节奏感类似，可预测性分为长期预测和短期预测。长期预测是指帮助孩子了解接下来的一天里他会遇到什么事。一些父母会选择睡前的安静时光，坐在孩子的床边，和他们一起讨论第二天的计划。但要注意的是，谈话要尽可能简洁，千万不要计划得过于详细，要留有空间，供孩子发挥想象的余地。也有一些父母选择做倾听者，他们听孩子说在学校或家里发生了哪些趣事，又遇到了怎样的麻烦，同样他们会引导孩子，想象未来的某一天会遭遇怎样的"苦和甜"。

　　如果你选择第一种做法，不妨重点讨论可能引起不快或反抗的时刻，比如起床、上学或是写作业。有可能的话，你可以告诉孩子如何解决这个问题，甚至列出简单的步骤，但这都不是必需的，关键要让他们认识到这是个问题。因为只有这样，他才能成为你的队友，而不是对手。

　　短期预测把重心放在了当下，你会把即将发生的事分解成清晰的步骤，然后告诉孩子。"恒恒，我们准备上楼去睡觉了，我现在去洗盘子，一会儿和你一起上去。"让孩子知道会发生什么，而不是突然把正在玩儿玩具的他抱上楼，前者才是更有安全感的行为。有了节奏的铺垫和可预测性的润滑，相信孩子一定会少很多叛逆行为，你的家庭生活也会越来越美好。

减少安排

　　很多父母，包括教育学家，认为做游戏等玩耍活动会浪费时间，所以他们把孩子的生活安排得非常忙碌。然而，孩子需要时间去消化和理解在他们身边发生的事情。他们通过讲故事、读书和做游戏，不断强化自己的内心世界。仔细观察正在做游戏的孩子，我们会发现他们在游戏里倾注了很多渴望，试图在游戏中理解自己看到和听到的东西。真挚而有趣的游戏，会给孩子带来满足感和安全感。通过游戏排解压力，正是让孩子减少叛逆行为的一个很重要的方式。

　　一位妈妈跟我们说起她孩子三岁时，如何通过游戏的方式转换压力。她的孩子三岁前是爷爷奶奶带的，每次孩子不愿意做什么事的时候，爷爷奶奶总是拿医院来吓唬孩子"再不听话，就带你去医院扎针"。后来，孩子只要听到"医院"两个字，就会变得十分抗拒、烦躁。孩子三岁后回到父母身边，他们给孩子讲了很多关于医生护士的正面故事，虽然孩子能接受一些，但心里还是有恐惧。

有一次，她带孩子去了一家医院，当天病人很多，那里的医生和护士忙得不可开交，孩子目睹了这一切。从医院回来以后，孩子玩儿起了一个"医生病人游戏"。他们找了个大硬纸箱当作"门诊桌"，上面放着听诊器、笔和一台"电脑"。孩子一边假装把听诊器挂在脖子上，一边让父母坐在门诊桌后扮演愁眉苦脸的病人。孩子戴着自制的眼镜，盯着电脑，过一会儿抬起头来，看一下"病人"，用熟练又刺耳的语气问道："等我说完！我是医生还是你是医生？"然后假装不耐烦地扔出一张处方给"病人"："先这么吃着药吧，不行再来打吊瓶。"孩子那天不厌其烦地重复着这样的场景，这位妈妈当时确实有点快崩溃了，但还是陪孩子玩儿到他满意为止。从那之后，孩子就彻底摆脱了对医院的排斥。

一个阳光明媚的早晨，我偶然路过一群正在玩耍的8岁孩子面前，他们正踩着节奏哼着《跳绳歌》，歌词是这样的：

星期一是钢琴日

星期二是游泳日

星期三是补习日

星期四是钢琴日

星期五是游泳日

星期六是购物日

每天都是作业日——没有休息！（所有孩子大笑）

　　这歌曲听起来平淡无奇，却让我停下了脚步。歌词里那种十分忙碌、不堪重负的生活方式，并不是一两个孩子的特例。事实上，每个孩子都有属于自己的独创歌词，而每一首歌都揭露了一个孩子快到飞起的生活节奏。音乐课、不同的体育课、课外补习，还有课后作业，都是他们日程表上的常客。这里，游戏完全成了他们特有的减压方式，是他们的自我方向调整。有时候，父母只要不去压制，孩子就会通过"消化墙"吸收掉生活中的一些压力，不会出现挑战性的行为。

　　类似游戏、读书、讲故事这些休闲时光，对孩子来说是必不可少的缓冲，能帮助他们在繁忙的生活中发展出健康的情感和和谐的人际关系。我们要善用无聊的艺术，因为越是无事可忙，越能激发出孩子的创造力。

　　对待感到无聊的孩子，不要急着替他们安排新的活动。事实上，我们若在这时插手，非但不能解决他们的烦恼，反而会引起孩子的抵触和反抗。这看上去不符合常理，大部分父母都认为，什么都不做会让孩子变得懒惰和闲散，而这些绝不是好习惯。所以为了避免不良行为的出现，家长宁愿让孩子忙起来，也不希望他们无事可做。

在一次家长会上，我遇到了一位三个孩子的妈妈，她跟我说："我生第一个孩子时，对带孩子完全没有经验，尤其是他表现不好的时候，我根本不知道怎么去管。我想只要他每天都有很多事情做，就不太需要我去管了吧。所以我给他报了很多课程，学校里的科目还有各种运动项目，他都会去上，只是在家里总是闹脾气。老实说，好像没有任何改善。也许有，他变得更不讲礼貌了，根本不听我说话……现在回想，那时候我和他每天待在一起的时间非常少，而且每次都闹得不愉快。我为此苦恼的时候，正好有了第二个孩子，但我还是用了一样的方法去抚养二女儿，结果她也跟哥哥一样，不尊重人。"

"第三个孩子出生以后，我也没那么多时间和精力去管了，没再给小儿子报很多课程，也把哥哥和姐姐的活动减到最少。真的很神奇，他们都很乐意我这样做。更重要的是，我和他们待在一起的时候，不用再思考说什么或做什么，我只需要静静地陪伴他们，看着他们开始觉得无聊，就像你说的那样。那时候我才知道无聊的好处，你不知道他们能够想出多少有趣的点子，我的大儿子甚至在院子里堆出一座完整的城堡……现在我们更像一家人，很少会争吵。我有时候也会内疚，因为看到其他的家长给孩子准备很多活动，但一想到去年这个时候，我就坚定了自己的信念。我很满意现在的状况，我不想重蹈覆辙。"

在整个故事中，她的勇气最打动我：她越想离开孩子的世界（让孩子独自参与更多的活动），孩子就越想吸引她的注意力，而他们最擅长的就是无视或反抗她的要求。孩子渴望与父母建立情感，虽然让孩子忙起来几乎成为当下的流行，但意识到这一点后，她仍然鼓起勇气选择了另一条道路，让孩子得以休息，体会无聊的好处。

当孩子向你抱怨生活太无趣时，你该怎么办？立刻给他一个任务吗？不，你应该什么都不做，让孩子独立解决问题。别担心，或早或晚，他们总能从有限的玩具中发现更多的玩儿法。有一点值得注意，如果多个孩子同时出现这种情况，最好把他们分开，给其中一个人分配任务，或是让他们待在不同的地方。虽然无聊可以激发孩子的创造力和团队合作，但这需要时间，而两个孩子待在一起常常会争吵不断，这会干扰他们的思考。所以，先把他们分开15分钟或半个小时，让每个孩子都能把注意力放在内心世界的强化和创造力的开发上。

游戏是孩子思考的方式，他们通过游戏加深对自己、家庭和社会的理解。不夸张地说，只要给孩子玩具，他就可以一个人玩儿上一整天，不给你惹一点麻烦。当生活变得更有节奏，而孩子也能在繁忙中得到充分的缓冲和玩耍，那么他们就能找到自己的位置，变得更有安全感。正因如此，孩子不再渴求成年人，尤其是父母的关注，不良行为自然迎刃而解。这对父母来说也是有益的，我们不需要花时间管教孩子的行为，就能和孩子建立联系，走进他们的内心世界；而有了父母的支持，孩子也会变得越来越强大和自信。所以，孩子的生活应少一些忙碌，多一些可预测性。

过滤成人对话和信息

　　减压政策的第四条，从孩子的生活中，过滤掉成人之间的对话，或是不合时宜的成人信息。为了孩子的健康成长，必须把他们的世界同成人世界区分开，但分开的程度需要精细的调整，过远或过近都会产生严重的问题：距离过远意味着孩子与父母的交流被切断，这会大大影响孩子的发育；距离过近则意味着重合，孩子不可避免会吸收到成人世界的信息，他们会模仿父母的行为。

　　面向成人的新闻五花八门，其中包含了许多热点话题，比如战争、恐怖袭击、全球变暖、犯罪和饥荒等。这些报道会让孩子感到恐惧。孩子从生理到心理都是脆弱的；一旦累积的成人信息超出了承受范围，就可能摧毁他们的安全感。而如果我们不主动过滤，他们还会继续接收更多信息，不管是看电视，还是偷听我们的对话。

　　成人之间的对话主题，有很多不应该被孩子知道，至少在他们这个年纪——比如，安安姑姑得了癌症，爸爸在公司被老板穿小鞋，或是学校老师的缺点。当我们在孩子面前讨论这些问题，我们就去除了儿童世界与成人世界的界限，孩子会了解我们所有的弱点。在他们眼里，我们不再是家庭里最有权威的父母，也不能在危险来临时保护他们，而他们的安全感就会逐渐消失。许多父母强调平等的重要性，他们认为孩子也是人，有权利知道事实的真相。但他们忽略了发育学的真相，那就是孩子根本没有能力正确地认识和理解全面的世界。你希望真相让孩子成长为心系苍生的小大人，但事实是，他们只会变成紧张、焦虑和不安的孩子。

因此，当我们在孩子面前进行成人对话时，先问自己四个问题：这个话题孩子可以接受吗？我必须现在说吗？这是真的吗？以及它能让孩子感到更安全吗？只有你得到四个肯定的回答，你才能说，否则，还是过滤掉这条信息吧。

平衡和简化孩子的生活，是所有教养策略的基础。没有这层坚实的基础，你对孩子的所有支持和鼓励，都可能落空。减少孩子的活动，增加"无聊"的独处时光，过滤成人信息，让我们帮助孩子消化已经获得的信息，为新的亲子联结提供空间。当孩子感到安全，并保持冷静，他们会更愿意接受你建立的界限，听从你的指导和建议。一位妈妈告诉我："以前不管我跟孩子说什么，他们都不愿意听、不愿意做。现在我尽量减少每天的活动，给他们很多时间去玩儿或者休息，我发现他们更尊重我了，无论我提出什么要求或指令，他们都能很好地执行。这些都是很小的变化，我以为只有我看出来了，但是没想到我的朋友都和我说，我们一家看起来更幸福了。听到他们的评价，我第一次觉得做父母真好，真的，而且我又找回了自己。"

第八章

网络时代，如何陪伴孩子

网络信息时代，电子产品渗透到孩子生活的方方面面。享受便利的同时，如何减少电子产品对孩子的不良影响，是这个时代父母面临的新难题。

美国布朗大学医学院、布兰迪斯大学儿童国家医学中心及新英格兰儿科心理学中心共同开展了一项研究，主题是电子产品对孩子的影响。这项研究长达 3 年，涉及网络医学网站、美国家长教师协会、《赫芬顿邮报》和《父母杂志》调查的 46000 名儿童。研究结果发现：当孩子每天的看屏幕的时间超过 30 分钟，成绩会出现轻微的下降；超过 2 个小时，成绩会急剧下降；而每天花 4 个小时看电子产品的孩子，平均 GPA（平均学分绩点）则会降低一个点，相比看电子产品不到 4 个小时的孩子，这些孩子每天平均要多花 20 分钟才能入睡。

不仅如此，长期对着屏幕的孩子在人际交往和情感处理中还会表现得反复无常，行为鲁莽笨拙，遇到事情时冲动没有耐心，专注力和克服困难的能力也相对较低。最重要的是，电子屏幕的使用消耗了大量的亲子相处时间，导致孩子与父母家人关系疏远，孩子的情感需求得不到及时回应，情绪化、易怒、暴躁成为很多孩子的代名词。

网络对孩子人际交往的影响

"现在是信息时代，哪有孩子不使用电子产品的？""不让他们接触电子产品，人都会变成傻子的。"面对电子产品，很多父母时常会这样想。他们认为电子产品是孩子接触世界的通道，不使用电子产品，孩子就远远落后于同龄人和这个时代。但事实上，减少使用电子产品的频率对孩子的人际交往并不会造成多大的影响。

没有过多玩具和电子产品的干扰，孩子就必须自己去开发游戏和思考玩儿点什么，渐渐地，他们学会了创造性地玩耍。在思考的过程中，他们锻炼出良好的思维能力和同理心，懂得站在别人的角度考虑问题，能够更好地控制自己的情绪和冲动。当他们进入一个新的环境时，因为有强大的适应能力，不会因为担心自己不合群而变得焦虑。

不经常使用电子产品的孩子，在交友上反而放松自如。他们注重情感的质量，而非数量，因为真正的友情并不是一个人在社交软件上的受欢迎程度。这些有独处能力的孩子，即使一个人待着，也会感到安全和稳定，这种安全感来自他们自己充实的内心。他们的情绪不会因为有多少人关注和评论自己而起伏不定。事实上，只要孩子能够勇敢地做自己，他们就一定会找到志同道合的朋友。独处不仅能让我们发现自己，更能激发我们的思考能力，数不清的发明和创造都源自于独处。

反过来，沉迷于虚拟世界的孩子，虽然在社交网站上有很多"好友"和"粉丝"，但是当他们不得不独处时，会感到强烈的寂寞和不安；而当他们在现实生活中越感到孤独，就越会把更多的时间和精力放在虚拟世界的交友上。这样的恶性循环听起来就像成瘾的过程。一味让孩子陷入电子产品的使用中，就等于把他们推向了虚拟交友的旋涡，陷入"加好友、求关注"的"毒瘾"中。如果我们希望孩子能拥有更好的人际关系，那么减少或取消接触屏幕的时间就是最佳选择。

在友情中能应付自如的孩子，和父母、老师、兄弟姐妹以及其他人相处的能力也会很强。他们不会单纯因为对方的长相、有最新款的手机、说几句好听的话、威胁或强迫等外界因素就轻易改变自己。虽然他们也会追求时尚，偶尔和朋友看场电影，但他们有自己独立思考的能力，会去分析什么是正确的、什么是不可取的，而这种能力恰恰是一个人成功的关键。而过度使用电子产品的孩子，不仅会在友情上受挫，还常常在人际交往和情感处理中显得局促不安。有的孩子甚至表现出很强的攻击性，缺乏同理心，甚至变成同龄人的欺凌者或被欺凌者。

网络加剧孩子的战逃反应，疏远亲子关系

当我们教导孩子正确的餐桌礼仪时，总会不厌其烦地纠正错误，然后一遍又一遍地告诉他，咀嚼时要闭上嘴巴，嘴里有东西时不要说话。因为我们知道，只要重复的次数足够多，孩子就一定能养成好习惯。

孩子在网络上玩游戏时，会经历不断重复、奖惩模式、破坏界限、自动反应的挑战活动。长时间待在虚拟世界中的孩子，通过上面四种反应形成了大脑记忆，当他们回到现实世界，反抗和挑战就会成为一种习惯。

当孩子开始反抗或逃避，父母也会陷入逃跑反应中，而电子产品会进一步激活孩子的逃跑反应。比如，孩子被恐吓时，会立刻逃到另一个房间玩手机，或是将情感转移到虚拟的社交网络中。沉迷于电子游戏或不断添加好友聊天，网络世界赋予了孩子"无穷的"权力，他们可以自己决定在微博、QQ、微信以及各种社交平台上说什么，给谁点赞，决定谁能看、谁不能看自己的朋友圈。对孩子来说，他是虚拟世界的唯

一统治者，只要自己不喜欢或不想面对，一键"取消关注"就可以解决。然而，当他们回到现实世界，要听从父母的决定时，就会感到自己的"主宰"受到挑战，抵触父母的权威。但是，现实世界的他们无法对父母"取消关注"，所以他们会选择拒绝和父母交流，重新躲到虚拟世界。可以想象，这是一场不断恶性循环的战争。为了结束这样的战争，和孩子拉近关系，有些父母尝试加入孩子的虚拟世界，但结果是孩子把这种"关系的拉近"视作胁迫，从而继续选择逃跑。

两个孩子在讨论各自的父母，一开始说的内容没什么特别的，接着其中一个说："你知道最奇葩的是什么吗？我妈妈居然想在微博上加我为好友。"另一个孩子立刻点头表示赞同："这算什么，我妈妈还想看我的朋友圈呢！"说完，他们不约而同地露出了厌恶的表情："啊，真受不了！"

在孩子眼里，我们不仅没有了父母的威信，而且还成为他们不断躲避和厌恶的对象。当然，这也许不能全部归咎于电子产品的出现，但不可否认电子产品的过多使用，确实让孩子更容易把虚拟世界当作"避难所"。事实上，父母并不需要成为孩子的"网络好友"，而应该成为他们现实中的引路人，让他们感到安全和值得信任。孩子每天会接收大量信息，为了更好地消化和思考，他们需要主动回到现实，寻求最安全的居所。如果父母能有效地给孩子树立家庭价值的观念，让孩子感到安全，其地位就不会轻易被虚拟世界的"好友"所替代。

如果孩子倾向于和父母保持距离，选择在网络上寻求解决方案，甚至建立重要的情感关系，这会极大地影响亲子关系。他们不再尊重父母的指示，甚至会直接无视父母的存在。

在孩子的生活中，家庭必须是第一位的，一旦社交网络的分量超过了父母，家庭价值就会被同龄人的想法和杂乱的流行文化所取代。社交网络所传递的信息是快消品，它们主动迎合孩子的心理，很容易夺取他们的信任和依赖，这会加快孩子在面对真实事件时的战逃反应。

家庭影响是最重要的基础

　　婴幼儿主要通过观察和模仿父母或监护人的语言和行为来完成这个过程，而父母也可以通过纠正和指导帮助孩子确定方向。

　　进入学龄期，尽管家庭仍然承担重要的角色，但学校和同龄人已逐渐开始对孩子的精神世界产生影响。孩子们经常会纠正父母，理由是老师就是这么说的，同学就是这么做的。大部分情况下，家庭、学校、同龄人对孩子的影响，并不是互相替代，而是依次叠加。因此，家庭影响存在于规范化的每一个过程中，也是最重要的基础。不管孩子开拓多么宽广的新世界，他都需要不时回到家庭大本营，休养、调整、补给、再次出发。

　　然而，当孩子过度使用电子产品，特别是社交网络时，这个休整的过程就会受到影响。尤其现在社交用户的年龄越来越小，许多本来还只接受家庭和学校影响的幼儿，却提前要接受同龄人的影响。

　　这个年龄段的孩子，还无法区分同龄人的正面或负面影响，而社交网络的入侵，不仅弱化了家庭和学校的保护作用，而且扩大了同龄人的影响。如果孩子在我们的影响下，能够判断是非，具有同理心，那么被欺凌可能就不会出现。反之，如果父母的影响力过早地被同龄人取代，孩子的行为就像是没有系安全绳的蹦极，后果不堪设想。

缺乏界限感，削弱父母的权威

　　界限可以规范孩子的行为。然而，沉浸在虚拟世界的孩子，是完全没有界限感的。孩子可以在网络上成为任何他想成为的人，说任何他想说的话，逛社交网站刷帖子，高兴了点赞评论转发，看不惯了当键盘侠，而所有的过程都只需要通过键盘或屏幕，没有人监督和规范，这就是网络世界。在这样的世界，孩子就像一个无人教养的野猴子，体会到的只有自由快乐和无拘无束，自己当山寨猴王玩得嗨极了。当孩子切入到有界限的现实生活时，就会极其不适应，不断出现挑战界限的行为。不管是出于关心还是管教，对沉迷虚拟世界的孩子来说，父母都是切断他们快乐源泉的魔鬼。

网络世界	家庭生活
几乎没有界限。	有界限。
总是给你肯定，即使有负面的评论，你只需要一键删除或拉黑，就能彻底清除这些不开心的内容。	不会一直表扬你，父母会指出你的错误，而你也没有一个按钮，可以让他们真的消失不见。

可以去任何你想去的地方。	只有此时此地。
你的行为也许不会有任何影响。	不管你做什么，都会影响到家人，都要承担后果。
你没有和任何人绑定，你是自由的。	家庭是一个整体，家人是一生的承诺。

　　这样的场景反复上演的话，父母的权威性就会被削弱。加上很多影视作品，把父母塑造成肤浅、自私、愚蠢甚至无法沟通的形象，这会影响到父母的威信。如果孩子在电视机里看到的父母都是又蠢又弱的，还不具备判断力的孩子会轻易被蒙蔽，"权威"两个字也就无法和父母联系在一起了，而保持威信，是让孩子遵守界限的关键武器，一旦丢失，父母的管教和指导将面临难题。

　　一位妈妈描述了孩子在遵守界限后的改变："有一阵孩子看了一个电视剧，里面有很多针对父母的讽刺和攻击性语言。之后，孩子跟爷爷奶奶说话就开始学像电视剧里那样指挥大人。后来，我们减少了他接触屏幕的时间，并告诉他'在我们家，不允许这么跟大人说话'，之后孩子慢慢改变了，不管是跟我们说话，还是面对其他人，反驳和嘲笑都变少了，不良行为也减少了很多。我想这是一种基本的家庭价值观，我们需要告诉孩子什么可以做，什么不能做。"

减少电子产品使用后的美好

　　社会在朝着信息化、电子化发展，所以很多父母相信，智能手机、电脑、电视和平板已经成为孩子生活的一部分。庆幸的是，越来越多的父母已经意识到电子产品会给家庭生活带来巨大困扰，觉得不应该让"屏幕时间"占据孩子的生活重心，但他们并不清楚具体该怎么做。没关系，只要开始意识到这个问题，就可以找到入手的角度来改变。

　　很多父母逐渐意识到，孩子之所以会出现冲动、不专心和不尊重的行为，根源在于过度使用电子产品。所以，他们在孩子面前尽量不玩手机，也减少了孩子玩电子产品的时间，这也让他们发现："原来这些让孩子着迷的小屏幕，不仅使得孩子迷失自我，也让他们失去方向。作为父母，我们现在仍然不算完美，但比以前更自信了，对自己和对方的决定都更有信心，所以我们夫妻的关系有了很大改善，而我们一家人也更亲近了。"

　　如果你觉得不应该让孩子过度使用电子产品，就减少或取消他玩电子产品的时间。很多父母在此之前仍不确定电子产品是否真的影响管教，但他们逐渐发现，当孩子更加坚信家庭价值观时，他们会变得更能遵守父母设定的规则，能更好地与父母、朋友和兄弟姐妹相处。如果想要孩子接受我们的家庭价值观，最好替孩子屏蔽掉那些相反的信息，特别是电视或网络上宣传的相反价值观。这是父母的一小步，但绝对是家庭生活的一大步，因为我们已经承认孩子的叛逆不是问题的根源，各种信息干扰带来的压力才是。所以，想要改变现状就要想办法找出你最不满意的地方，然后接受它，再改造它。

有这么一个有趣的香肠广告，故事的主角是父亲和他的孩子，以及手机。父亲辛苦工作一天后，从办公室回到家。进门前，他看见屋里还亮着灯光，他想起马上就要看到孩子们，便开心地笑了。虽然每天的工作都很辛苦，但为了孩子，他觉得很值得。他一边开门，一边喊着："我回来了！"没有任何回应。他穿过走廊，看见三个孩子都坐在客厅里戴着耳机，盯着各自手里的手机，头都没抬起来，只说了一声"嗨"。父亲站在那里看着一家人，感到灰心和难过，然后走进地下室，拉掉了电闸，灯灭的一瞬间，他听到楼上的孩子失望的叫声。孩子们以为整个城市都断电了。

镜头转到下一个画面，父亲带着所有家人，正在院子里享受美味的 BBQ（就是这里，香肠闪亮登场了）。孩子们在嬉戏打闹，父亲一边开怀大笑，一边为孩子准备吃的（这里是香肠的特写）。然后大家就开心地吃着香肠，说着各种有趣的事情，而整个镜头里，没有一个手机、电视或电脑的痕迹。本来一切进行得很顺利，直到他的小儿子（大概8岁）指着隔壁的房子说："爸爸，整个城市都断电了，为什么邻居家还有电呢？"空气一下子凝固了，大家看着邻居的房子，意识到父亲编了个谎话。但很快，他们又恢复了笑声，因为大家不愿意这段美好的时光这么快就结束。

对孩子来说，"屏幕时间"多一个小时，和家人朋友相处的时间就要少一个小时。我们常说，孩子一转眼就长大了，也常常会有人因为陪伴家人的时间短暂而感到遗憾，但没有人会在临终前感慨："我真后悔，当时没让孩子多看一会儿电视，多玩儿一天游戏。"

一位大学教授在上儿童发育课程时，要求学生回忆自己的童年故事，其中一个学生写道："我成长在一个普通的家庭里，爸爸妈妈忙着工作赚钱，回到家也经常拿起手机、电脑处理一些事务，我们把大多数时间消耗在看电视和玩电脑上。在我12岁的时候，有一次爸爸在开车时发信息，出了很严重的车祸，差点丢了性命。当时医生已经宣布他死亡了，但是他又奇迹般地活过来了。出院的时候，爸爸对我们说，'从现在起，每一分钟都要好好过'。回到家，爸爸让妈妈扶着他，把家里的电视和电脑网络都给断了，所有手机放在一个固定的地方，没有紧急情况，谁也不许碰这些电子设备。我当时很不开心，但是看到爸爸能死里逃生，我很感激。"

"神奇的是，从那天开始，家里变得更安静了，一家人终于有时间坐下来在一起。这种感觉很不一样，以前我们只是待在同一栋房子里，大家看电视的看电视，看电脑的看电脑，其实人与人之间的距离是遥远的。但现在，我们真的感觉到了家人的真正含义，亲密无间，永不分开。我觉得我和父母比以前更亲近了，我想这得感谢爸爸当初的决定，他说了每一分钟都得好好过。"

"到现在，每次我回父母家，还是习惯什么都不带，手机、电脑都不带。我想我是喜欢陪父母待着的那种感觉，很平静。我们在一起看书、聊天，没有人会打扰我们，每次我从那里离开，都觉得自己变得更冷静、更坚强了。所以我经常回去看他们，特别是当我遇到麻烦了，我会去那里彻底放松自己，然后等我回到家，再看到那些短信和邮件，我就能更平静地解决问题。我很感谢有这样一个地方，让我知道人与人之间的交流，比网络世界的任何联系都重要。当我被各种短信、邮件和新闻轰炸时，它也能提醒我，该花点时间和自己说说话，和最亲近的人一起待着。"

孩子的叛逆"技巧"表

孩子很富有想象力和创造力，他们能轻易看透父母的把戏，更可怕的是，他们非常善于利用这些弱点，达到自己的目的。

1. 利用筹码加减

有一天，我在超市排队付钱，听到一个小孩跟她妈妈说："好，我答应你，但是你要给我三块饼干，还有一瓶可乐。"我以为她妈妈会说，"没有这些东西，你必须做"。可惜我却听到她说："不，我只能给你一块饼干和一瓶可乐。"接下来就是她和小女孩激烈的讨价还价，我多么希望我和她有心灵感应，这样我就能悄悄告诉她，"别说这么多，一声'不行'就可以了"。

2. 成本效益分析

妈妈对孩子说："嘿，你要是不赶快停下（不管他在做什么），你晚上就别想吃我做的意大利面了。"然后孩子一分析，回答道："哦，反正我也不喜欢吃意大利面，那我干吗要停下？"爸爸告诉孩子："楠楠，停下来，马上，不然我们就去不了菲菲家了。"孩子的大脑高速运转，得出了一个答案："我又不喜欢菲菲，是你喜欢菲菲的妈妈吧。我才不在乎去不去她家呢。"看，这种情况下，父母根本无力招架。

3.谈判专家

别小瞧了孩子的谈判能力，他们虽然个子小，辩论起来却不输真正的律师。一个孩子质疑他的妈妈："你什么都没看见，怎么能说我做错了。你得先证明是我干的。"妈妈一脸沮丧地对我说："我真的好累，不管我说什么，他都要反驳。而且，我根本说不过这个5岁的孩子，这让我觉得很丢脸。"

4.拒绝诱惑

一对小兄弟发现，只要他们不接受父母提出的奖励，就不用和父母讨价还价，不用担心自己表现不好，这样父母就无计可施了。"我不做，我也不要你给我的奖励，什么礼物都不要！"

5.劫持人质

劫持人质听起来很可怕，是一项同时包含了上述两三种技巧的综合性方式。当孩子没法和父母达成一致时，这往往是他们的撒手锏："我不想睡觉，除非你躺下来陪我。"

6.组队造反

如果你家有两个或两个以上的孩子，那么恭喜你，你要管理的是一个团队了。他们常常会联合起来对付你。很多次，我听到几个孩子在面对父母的要求时，统一回答："我们没有人愿意。"看着他们互相点头致意，父母却感到困惑："平时你们打架的时候没有这么和谐，怎么到我这儿战线就这么统一了？"

7. 免疫法

父母问："你做对了吗？"孩子不屑一顾："我不知道对不对，反正我不在乎。"这就像拳头打在棉花上，孩子对我们的建议无动于衷。

8. 篡夺领导权

连最小的孩子都敢指着你说："你不是我的老大。"或是"我才不用听你的。"可想而知，当他或她接手了家庭大权，命令你做什么或不做什么，这种情形是多么可怕和危险。

9. 罢工

不管父母怎么劝说，孩子都把手插在口袋里，拒绝参与。这就像一场罢工，而发起者就是你的孩子。

10. 背着你做选择

一个孩子对他的朋友说："我都是随便她说，等她去接电话，我就可以直接拿走我想吃的东西。"为了不与你正面冲突，偷偷在你不知道的情况下，做出更多的决定。

11. 拒不承认

孩子可以坦然地看着你的眼睛，然后说："不是我干的。"我们或多或少都听过这样的回答，撒谎从来不是一个好行为，当它变成一种习惯，就是更严重的问题。慢慢地，孩子会从逃避责任转向逃避情感，他们拒绝与父母和外界的交流，这显然不是我们希望看到的。

12. 以牙还牙

一个 7 岁的孩子对她的母亲说："你现在要向我道歉。"另一个 10 岁孩子则这样说："你的行为伤害了我的感情，难道你不想跟我道歉吗，妈妈？"他们虽然表现得很成熟，却只是机械地模仿父母曾经说过的话，对于这句话所表达的情感一无所知。我曾经看见一个非常激动的父亲，而他 12 岁的女儿表现得相当冷静："是的，我知道你肯定觉得很难过。"事后，那位父亲告诉我，他女儿连说这句话的语气都和他一模一样。

13．无视

虽然撒谎让人担忧，但至少他们还愿意和你交流，如果他们一个字都不说，甚至连看都不看你一眼，这很容易让父母崩溃。试想他说完"我不想听"后，就自己玩手指或头发，好像这些东西比父母要说的话更有趣。

14．轻视

与无视类似，他们会对父母的要求都表示拒绝，然后沉浸在自己的世界里。但是这些孩子的态度要更温和一些，他们总是漫不经心地回答一声"随便吧""哦，也许吧"或是"嗯"。不管你的准备多么充分，面对这样的回应还是会无处发力。轻视不仅让父母感到被拒绝，更是不尊重的表现。

15．恐吓

这种反应并不好处理。他会威胁你："我会生气的，你知道我会。"他们的语言带有攻击性，他们的表情也会变得凶狠，常常瞪着眼睛或是走到你身边给你压力。